중등완성

어원·어법·유의어·반의어·예문을 함께 학습!

BLOCK VOCA

중등완성

어원·어법·유의어·반의어·예문을 함께 학습!

BLOCK
VOCA

RINA
BOOKS

머리말

영어를 학습하는 데 있어 가장 기본이 되고 중요한 것은 어휘입니다.

BLOCK VOCA는
어휘를 어원의 이해와 완성된 문장으로 완성합니다.
아무리 쉬운 어휘도 완성된 문장을 통해 확실히 학습자의 것이 될 수 있습니다.

BLOCK VOCA는
자기주도적 어휘학습의 중요성을 강조합니다.
어휘를 학습하며 그에 관련된 관련 어휘를 통해 어휘력을 늘려 나갈 수 있습니다.
자신의 영어 학습 레벨에 맞는 단어들을 학습하면서
점차 어려운 단어로 어휘력을 확장해 나가는 것이 필요합니다.
영어 어휘학습에는 효율적인 단어집을 선택하여
꾸준히 공부하면 능률이 배가 됩니다.

BLOCK VOCA는
오랜 현장 경험을 통해 검증된 단어를 효율적으로 암기할 수 있는
방법만을 쏙쏙 골라 구성하였습니다.

차 례

01 중학 중요 필수 단어 **400** · 07

02 시험 지문에 자주 나오는 단어 **300** · 101

03 고등 기초 단어 **400** · 171

CROSS WORD QUIZ

BLOCK VOCA
중등완성

01

중학 중요
필수 단어
400

0001

calm
[kaːm]

형 고요한, 침착한 동 가라앉히다 유 peaceful

calm down 진정하다
a calm voice[manner] 차분한 목소리[태도]
The criminal's voice was calmer than I thought
범인의 목소리는 생각보다 차분했다

0002

remind
[rimáind]

동 상기시키다 형 remindful 생각나게 하는
어원 re(다시)+mind(정신을 차리다)

remind A of B A에게 B를 상기시키다
You remind me of~ 넌 ~를 생각나게 해
I must remind you of your promise 나는 너의 약속을 상기시켜야 한다

0003

value
[vǽljuː]

명 가치 형 valuable 가치 있는 유 worth
어원 라틴어 valere(가치있다, 강해지다)

face value 액면가
have a value for ~을 좋아하다
At $200 the bike is excellent value
200달러면 그 자전거는 아주 좋은 가격이다

0004

declare
[dikléər]

동 발표하다, 선포하다 명 declaration 발표, 선언
어원 de(완전히)+clare(뚜렷하게 하다)

declare one's position 입장을 밝히다
I declare her innocent 나는 그녀가 무죄임을 선언한다

0005

harmful
[háːrmfəl]

형 해로운 명 harm 해 반 harmless 해롭지 않은

a harmful effect 해로운 효과
Drinking and smoking are harmful to health
음주와 흡연은 건강에 해롭다

0006

consonant
[kánsənənt]

명 자음 **반** vowel 모음
어원 con(함께)+sonant(음을 내다)

a consonant sound 자음 소리
Hangul is composed of 14 consonants and 10 vowels
한글은 자음 14개와 모음 10개로 구성되어 있다

0007

separation
[sèpəréiʃən]

명 분리 **동** separate 분리시키다 **반** unification 통합

separation of powers 3권 분립
separation from ~로 부터의 분리
The children fought so hard that they separated them
아이들은 너무 심하게 싸워서 그들을 떼어 놓았다

0008

amuse
[əmjúːz]

동 즐겁게 하다 **명** amusement 즐거움 **유** entertain
어원 a((…의 상태)에)+muse(아련히)→생각에 잠기게 하다

1. amuse 가벼운 말로 즐겁고 유쾌하게 하다
2. divert 일시적인 기분 전환
3. entertain 계획적으로 즐겁게 하다
amuse oneself 즐기다
The joke amused the audience highly 농담은 청중을 즐겁게 했다

0009

current
[kə́ːrənt]

형 현재의, 통용하는 **명** 흐름 **명** currency 통화, 유통
어원 cur(달리다)+ent(~하고 있다)

swim against the current 시류에 역행하다
The manuscript has been held by its current owner since 1968
이 원고는 1968년 이후 현재의 소유자가 보관해왔다

distribute
[distríbju:t]

동 분배하다 **명** distribution 분배 **유** share
어원 dis(따로따로)+tribuere(주다)

distribute paint over a wall 벽에 페인트를 칠하다
distribute profits 이익을 분배하다
The profit was distributed after the settlement of accounts
이익은 결산 후에 분배되었다

galaxy
[gǽləksi]

명 은하(수), 소우주

the galaxy system 은하계
Within these galaxies you get these enormous dust clouds
은하수 안에는 이런 거대한 먼지 구름들이 있습니다

permit
[pərmít]

동 허락하다 **명** 허가장, 증명서 **명** permission 허가 **유** allow

weather permitting 날씨가 좋으면
A work visa permit was issued to them
그들에게 취업 비자 허가증이 발급되었다

transport
[trænspɔ́:rt]

동 수송하다, 나르다 **명** transportation 운송 수단 **유** carry
어원 trans (맞은편으로)+port(운반하다)

transport A by ship A를 배로 나르다
Transport goods to London by plane
비행기로 화물을 런던으로 운송하다

pretend
[priténd]

동 ~인 체하다 형 pretending 거짓의 유 make believe
어원 pre(앞에)+tend(펴다)

1. pretend 진실같이 보이게 하다.
2. affect 의식적으로 그 특질을 가장하다
3. assume 어떤 외관을 꾸미다
4. feign 겉을 꾸미다
pretend to be asleep 자는 체하다
He pretended not to be a criminal, but there was plenty of evidence
그는 범죄자가 아닌 척했지만, 증거는 풍부했다

subjective
[səbdʒéktiv]

형 주관적인 부 subjectively 주관적으로 반 objective 객관적인

a subjective opinion 주관적인 의견
a subjective judgment 주관적 판단
I can't accept your subjective opinion
저는 당신의 주관적인 의견을 받아들일 수 없습니다

celebration
[sèləbréiʃən]

명 축하 동 celebrate 축하하다

in celebration of ~을 축하하여
hold a celebration 축하연을 열다
I wanted to celebrate our team's victory
나는 우리 팀의 승리를 축하하고 싶었다

exclaim
[ikskléim]

동 외치다, 고함을 지르다 명 exclamation 외침 유 shout
어원 ex(바깥으로)+claim(부르다)

exclaim at the result 결과를 듣고 고함을 지르다
Exclaim against injustice 불공평에 대해서 격렬히 항의하다

0018

shorten
[ʃɔ́ːrtn]

통 짧게 하다

1. shorten 짧게 한다는 뜻의 일반적인 말
2. abbreviate 문자·글을 짧게 하다
3. abridge 요점을 삭제함이 없이 전체를 축소
4. curtail 일부를 삭제하다

shorten a dress 옷을 줄이다
shorten one's arm 팔을 거두어 들이다
Many people want to shorten the period of military service
많은 사람이 군복무 기간을 단축하길 바란다

0019

attention
[ətén∫ən]

명 주의, 주목 **통** attend 주의하다, 귀를 기울이다
반 inattention 부주의, 태만

pay attention to ~에 주의하다
Pay attention to painting 도색에 주의하다
You should pay attention when you drive
운전할 때는 주의해야 합니다

0020

development
[divéləpmənt]

명 발전, 발달, 개발 **통** develop 발달시키다 **유** growth, evolution

linguistic development 언어 발달
The use of computers in the company brought new developments
회사에서 컴퓨터의 사용은 새로운 발전을 가져왔다

0021

prior
[práiər]

형 보다 중요한, 우선하는 **명** priority 우선

prior to ⋯ 1. (격식) ⋯보다 먼저   2. ⋯에 앞서서(before)
prior engagement 선약
Prior to English, French was conceived as an international business
and political language
영어 이전에, 프랑스어는 국제적인 사업과 정치적인 언어로 생각되었다

0022

temporary

[témpərèri]

형 일시적인, 임시의 반 permanent 영구의

temporary injunction 일시적 금지 명령
a temporary employee 임시 직원
I was asked to come to rebuild the temporary cathedral
저는 임시 대성당을 재건축해달라는 요청을 받았어요

0023

transform

[trænsfɔ́ːrm]

동 변형시키다 유 change
어원 trans(다른 상태로)+form(형성하다)

transform energy into light 에너지를 빛으로 바꾸다
The city was transformed into a battlefield
그 도시는 전쟁터로 변했다

0024

ventilation

[vèntəléiʃən]

명 통풍

a ventilation device 통풍 장치
Poor ventilation in the plant can be harmful to health
그 공장의 나쁜 환기는 건강에 해로울 수 있다

0025

media

[míːdiə]

명 미디어, 매체 단 medium

media circus (판매 부수·시청률 신장을 노린)
매스 미디어의 흥미 위주 보도(태도)
mass media 대중 매체
Facebook became the most popular social media website in the
world 페이스북은 세계에서 가장 인기 있는 소셜 미디어 웹사이트가 되었다

0026

secretary

[sékrətèri]

명 비서 어원 secret(비밀)+ary(~에 관여하고 있는 사람)

a private secretary 개인 비서
I left several messages with your secretary last week
지난주 당신의 비서에게 몇 번에 걸쳐 메시지를 남겨 놓았습니다

advice
[ædváis]

명 충고, 조언 통 advise 충고하다 윤 counsel

1. advice 개인적 충고.
2. counsel 중요 문제에 대하여 주는 조언
3. recommendation 따라도 좋고 따르지 않아도 좋은 의견
4. suggestion 망설이게 되는 의견
take (legal) advice 변호사와 상담하다
medical advice 의사의 진료
Here is a letter of friendly advice 이것은 친절한 조언입니다

clue
[klu:]

명 단서 윤 hint

get[find] a clue to ~에 대한 실마리를 얻다[찾다]
find a clue 단서를 잡다
Various clues came from the scene of the incident
사건 현장에서 여러 가지 단서가 나왔다

emotion
[imóuʃən]

명 감정, 감동 형 emotional 감정적인 윤 feeling
어원 e(밖으로)+mot(움직이다)+tion(일)→밖으로의 (마음의) 움직임

betray one's emotions 감정을 드러내다
with emotion 감동해서
His story made me cry with emotion
그의 이야기는 나를 감동으로 울게 했다

gifted
[gíftid]

형 타고난 재능이 있는 윤 talented

be gifted with eloquence 말재주가 있다
a gifted person 재능이 있는 사람
He was an exceptional and gifted human being
그는 특별하고 재능 있는 사람이었습니다

0031

retire
[ritáiər]

동 은퇴하다 **명** retirement 은퇴

retire to[into] private life 공직에서 물러서다, 은퇴하다
retire from a company 회사에서 퇴직하다
The parents have already retired or are expected to retire soon
그들의 부모님은 퇴직을 했거나, 곧 퇴직 하실 것이다

0032

unusual
[ənjuˈʒuˌəl]

형 보통이 아닌, 이상한 **명** unusualness 비범함 **반** usual 보통의
어원 un(부정)+usual(보통의)

an unusual ability 비범한 능력
This is a coffee made from a very unusual process
이것은 매우 특이한 과정으로 만들어진 커피입니다

0033

construction
[kənstrʌkʃən]

명 건설 **동** construct 건설하다 **반** destruction 파괴

during (the) construction 건설 중에
under construction 공사 중
The building is of very solid construction
그 건물은 구조가 매우 튼튼하다

0034

festival
[féstəvəl]

명 축제 **유** carnival
어원 festive(축제일)+al(~에 관한)

hold a festival 축제를 열다
The main Christian festivals are Christmas and Easter
기독교의 주요 축제는 크리스마스와 부활절이다

0035

medium
[míːdiəm]

형 중간의 **명** 매체 **복** media

through the medium of television 텔레비전을 통하여[매체로 하여]
medium-sized 중간 크기의
E-mail is getting to be the primary medium of communication
이메일이 의사소통의 주요 매체가 되고 있다

0036
smoky
[smóuki]

형 연기 나는, 연기가 자욱한 명 smoke 연기 반 clear 맑은

a smoky room 연기가 자욱한 방
The room is full of smoke because of the stove
난로 때문에 방이 연기로 가득 차 있다
I'd like my steak medium-done 스테이크는 중간 정도로 익혀 주세요

0037
afford
[əfɔ́:rd]

동 (금전적) 여유가 있다 유 have the money for
어원 af(앞으로)+ford(나아가게 하다)→주다

afford to do ~할 여유가 있다
I can't afford to waste even one cent 나는 단 한 푼도 낭비할 수 없다

0038
challenge
[tʃǽlindʒ]

동 도전하다 명 도전 형 challengeable 도전할 수 있는

offer[issue, send] a challenge 도전하다
give a challenge 싸움을 걸다
I will continue to challenge myself until I succeed
나는 성공할 때까지 계속 도전할 것이다

0039
curious
[kjúəriəs]

형 호기심이 강한 명 curiosity 호기심
어원 cure(주의)+ious(…에 가득 찬)→알고 싶어 하다

1. curious 호기심이 강한
2. inquisitive 자신과 관련 없는 것에 대해 캐묻기 좋아하는 (curious보
   다 활발한 활동)
3. nosy, prying (부정적) 몹시 호기심이 강한
be curious about ~에 대해 알고 싶어하다
A five-year-old is a curious time 다섯살때는 호기심이 많은 시기이다

fiber
[fáibər]

명 섬유, 식이 섬유

a plastic fiber 합성 수지 섬유
a glass fiber 유리 섬유
I bought a product with dietary fiber 식이 섬유가 들어간 제품을 샀다

insult
[insʌlt]

명 모욕 동 모욕하다
어원 in(위로)+sult(뛰다)→덤벼들다

a personal insult 인신 공격
Don't insult me like that! 함부로 나를 모욕하지 마!

reward
[riwɔ́:rd]

명 보상 형 rewarding 가치가 있는
어원 re(뒤를)+ward(주의해서 보다)

a reward for one's labor 노동에 대한 보수
as a reward for ~에 대한 보답으로
The finder receives a reward of up to 100 million won
발견한 사람은 1억원의 보상을 받는다

apologize
[əpálədʒàiz]

동 사과하다, 변명하다 명 apology 사과

apologize personally 직접 사과하다
apologize for oneself 자신의 행동에 대하여 변명하다
We apologize for the inconvenience 불편을 끼쳐드려 죄송합니다

comfortable
[kʌmfərtəbl]

형 편안한, (수입이) 넉넉한 반 uncomfortable 불편한
어원 com(모두)+fort(강한 (상태로))+able(할 수 있는)

1. comfortable : 몸과 마음이 편안한 상태
2. cozy : 집·장소·분위기가 아늑한
3. snug : cozy의 뜻 안락을 주는
4. easy : 마음이 편안한
5. restful : 평온한

feel comfortable 쾌적하다, 편안하다
a comfortable income 넉넉한 수입
They are comfortable with English 그들은 영어를 잘 구사한다

figure
[fígjər]

명 형태, 모습, 숫자 동 생각하다, 계산하다 유 shape
어원 fig(만들다)+ure(것)→만들어진 것

a public figure 유명 인사
figure out 계산하다, 이해하다, 생각해 내다
He had a good head for figures 그는 계산에 뛰어난 머리를 지녔다

rhythm
[ríðm]

명 리듬, 주기적 반복

the rhythm of the seasons 사계절의 규칙적인 변화
the rhythm of heartbeat 심박의 리듬
If you dance to the rhythm, you forget everything
리듬에 맞춰 춤을 추면 모든 것을 잊는다

appeal
[əpíːl]

동 간청하다, 호소하다 형 appealing 호소하는 듯한
어원 ap(…을)+peal(강제로 시키다)→요구하다

an appeal to the referee 심판에 대한 어필
They appealed for their injustice through a press conference
그들은 기자회견을 통해 자신들의 억울함을 호소했다

custom
[kʌstəm]

명 관습 명 customs 관세
어원 con(완전히)+stom(익숙해지다)

1. custom 형식에 따라 반복하는 사회적 관습
2. habit 무의식적 반복하는 개인적인 습관
3. practice(습관) habit처럼 규칙적으로 반복되는 것
4. usage(관습, 관례) 예로부터 굳어져 계속 전해온 관습
follow the custom of merchants 상관습에 따르다
break an old custom 옛 관습을 버리다
Common law is an old custom made into law
관습법은 법률로 만들어진 오래된 관습이다

governor
[gʌvərnər]

명 통치자 유 ruler

the board of governors of a school 학교의 이사회
elect governor ~를 주지사로 선출하다
The governor began his speech in public
주지사는 대중 앞에서 연설을 시작했다

refer
[rifə́:r]

동 언급하다, 참조하다 명 reference 언급, 참조 유 mention

refer a dispute to arbitration ~를 중재에 회부하다
refer to ~을 언급하다
The American Indians referred to salt as "magic white sand"
아메리칸 인디언은 소금을 "마법의 흰 모래"라 불렀다

urgent
[ə́:rdʒənt]

형 긴급한 명 urgency 긴급

an urgent meeting 긴급 회의
an urgent situation 긴급 상황
They have contacted me that it is urgent
그들은 긴급하다고 연락이 왔다

CROSS WORD QUIZ

4	주관적인	based on one's own views or views
7	주의, 주목	Pay attention and look carefully
8	일시적인	continuing for only a limited period of time
14	도전하다	try something new
15	외치다	shout out loud
16	감정, 감동	feeling such as happiness, love, fear, anger
18	은하수	an extremely large group of stars and planets
19	허락하다	they allow it to happen
20	상기시키다	something which makes you think about it

1	분리
2	충고, 조언
3	수송하다
5	보통이아닌, 이상한
6	자음
9	미디어, 매체
10	타고난
11	발표하다
12	단서
13	축제
17	중간의

character
[kǽriktər]

명 성격, 인격, 특성 형 characteristic 특색 있는 유 personality

1. character 도덕적·윤리적 특성
2. individuality 다른 것과 구별되는 개성
3. personality 외면적·내면적 특징을 합친 성격·인품
the American character 미국인 기질
in character 어울리게, 배역에 꼭 맞는
Pororo is a popular Korean cartoon character in the world
뽀로로는 세계적으로 유명한 한국 만화 캐릭터입니다

energy
[énərdʒi]

명 힘, 에너지 형 energetic 힘이 넘치는 유 strength
어원 en(…가운데에서)+ergy(일)→일을 하는 힘

be full of energy 원기가 왕성하다
kinetic energy 운동 에너지
He lacked the energy to walk 그는 걸어갈 기운도 없었다

hopeless
[hóuplis]

형 희망 없는, 절망적인 명 hopelessness 절망 반 hopeful 희망에 찬
어원 hope(희망)+-less(…이 없는)

a hopeless illness 불치병
be hopeless at ~을 단념하다
I am hopeless of my future 나의 미래에 희망이 없다

mention
[ménʃən]

동 언급하다 형 mentionable 언급할 만한

at the mention 이야기가 나오면
Don't mention it. 천민의 말씀입니다
The president mentioned electric cars during his speech
대통령은 연설 중 전기자동차에 대해 언급했다

0056
trace
[treis]

圐 자취 ♊ track

without trace 흔적도 없이
a trace of war 전쟁의 자취
He disappeared without leaving a trace 그는 흔적도 없이 사라졌다

0057
fit
[fit]

통 적합하다 형 적합한

fit note 건강 증명서
fit in ~에 잘 들어맞다
The clothes fit perfectly as if they were made for me
그 옷은 마치 나를 위해 만들어진 것처럼 꼭 맞는다

0058
merchant
[mə́:rtʃənt]

圐 상인

an import-export merchant 수출입 업자
look like a merchant 장사꾼같이 보이다
He was born the son of a wealthy merchant
그는 부유한 상인의 아들로 태어났다

0059
seminar
[sémənà:r]

형 세미나

hold a seminar on 세미나를 개최하다
a closed-door seminar 비공개 세미나
I need a data survey for this week's seminar
이번 주 세미나에 필요한 자료 조사가 필요합니다

0060
agriculture
[ǽgrəkʌltʃər]

圐 농업 형 agricultural 농업의 ♊ farming
어원 agri(밭)+culture(경작)

choose agriculture as an occupation 직업으로 농업을 선택하다
Ministry for Food, Agriculture, Forestry and Fisheries 농림수산식품부
We need now to adopt a new conception of agriculture
우리는 새로운 개념의 농업을 받아들여야 합니다

0061

determine
[ditə́:rmin]

동 결정하다 명 determination 결정 유 decide
어원 de(완전히)+termine(경계를 정하다)

be genetically determined 유전적으로 결정되다
be culturally determined 문화적으로 결정되다
I determined to go 나는 가기로 결심했다

0062

hormone
[hɔ́:rmòun]

명 호르몬

a growth hormone 성장 호르몬
a masculine hormone 남성 호르몬
I want to get a growth hormone injection because I am not tall
키가 크지 않아서 성장호르몬 주사를 맞고 싶어요

0063

routine
[ru:tí:n]

명 일상의 과정 부 routinely 일상적으로
어원 rout((밟아 고른) 길)+ine(…인 것)

as a matter of routine 늘 하는 것으로서.
I can't wait to get back to my daily routine
일상으로 빨리 돌아가고 싶다

0064

worsen
[wə́:rsn]

동 악화시키다 명 worsening 악화, 저하 유 aggravate

worsen the problem 문제를 악화시키다
Her persistent cough seemed to worsen
그녀의 계속되는 기침은 점점 심해지는 것 같다

0065

contribute
[kəntríbju:t]

동 기부하다, 기고하다 명 contribution 기부 유 give
어원 con(함께)+tribute(주다)

contribute largely to the victory 승리에 크게 공헌하다
contribute to a newspaper 신문에 기고하다
His contribution to our victory is great 우리의 승리에 그의 공헌이 크다

0066

grain
[grein]

명 곡물

Rice is a type of grain. 쌀은 곡물의 일종이다
whole grain 정제하지 않은 곡물
There are a lot of people looking for organic grains now
지금은 유기농 곡물을 찾는 사람들이 많습니다

0067

refuse
[rifjú:z]

동 거절하다 **유** turn down

Refuse point-blank 딱 잘라 거절하다
refuse an offer 제의를 거절하다
It's also polite to refuse the offer well
제안을 잘 거절하는 것도 예의입니다

0068

aid
[eid]

명 도움 **유** help

in aid of 1. ~을 돕기 위하여 2. ~에 찬성하여
first aid 응급처치
He was seriously injured, so he was given first aid first
그는 중상을 입어 응급처치를 먼저 받았다

0069

devote
[divóut]

동 바치다, 내맡기다 **명** devotion 헌신

devote oneself to ~에 헌신하다
Korean parents devote their lives to their children
한국의 부모들은 아이들에게 헌신한다

0070

further
[fə́:rðər]

형 그 이상의 **부** 더 나아가서

further to ~ 1. ~에 덧붙여 2. 부언하면
further news 속보
A billion of us are obese, while a further billion starve
전세계 인구 중 10억이 비만이고, 또 다른 10억은 굶주리고 있습니다

pour
[pɔːr]

동 붓다, 비가 퍼붓다

pour scorn on ~을 비웃다, 바보 취급하다
pour water 물을 붓다
I was pouring water and stopped spilling it 물을 붓다가 그만 흘렸어요

royal
[rɔ́iəl]

형 왕실의 명 royalty 왕위

royal power 왕권
a royal family 왕실
He is the newest member of the British Royal family
그는 영국 왕실의 가장 새로운 일원이다

sorrow
[sárou]

명 슬픔 형 sorrowful 슬픔에 찬 ❖ sadness

1. sorrow 「슬픔」을 뜻하는 일반적인 말
2. grief 단기간의 깊은 슬픔
3. sadness 깊은 슬픔에 의해 기력을 잃은 상태
4. woe 비운, 비애
5. heartache 실망에서 오는 슬픔
6. anguish 고문과 같은 비통
7. distress 고난에서 오는 고통
sup sorrow 슬픔을 맛보다; 후회하다.
in sorrow 슬픔에 잠겨
Her face was filled with sorrow 그녀의 얼굴은 슬픔으로 가득 차 있었다

boring
[bɔ́ːriŋ]

형 지루하게 하는 형 bored 지루하게 느끼는

find ~ boring ~을 지겹게 여기다
a boring speech 지루한 연설
He finds it boring at home 그는 집에서 지루함을 느낀다

0075

environmental
[invàiərənméntl]

형 환경의 명 environment 환경

environmental group 환경 보호 단체
environmental contamination 환경 오염
Environmental protection is preparation for the future
환경보호는 미래를 위한 준비입니다

0076

handicap
[hǽndikæp]

명 장애, 불리한 조건 형 handicapped 장애를 띈 🔁 disability

a physical handicap 신체 장애
assign[give] a handicap 핸디캡을 주다
Her biggest handicap is the lack of experience
그녀의 가장 큰 핸디캡은 경험 부족이다

0077

narrow
[nǽrou]

형 좁은 명 narrowness 좁음 반 wide 넓은

a narrow point of view 좁은 시선
a narrow room 폭이 좁은 방, 길쭉한 방
You shouldn't look at the world from a narrow perspective
세상을 좁은 시각으로 바라봐서는 안 된다

0078

remain
[riméin]

동 여전히 ~이다, 남아 있다 명 나머지
어원 re(뒤에)+main(남겨 두다)

remain calm 얌전히 있다
remain abroad 외국에 머무르다
Bus fares are likely to remain unchanged for the time being
버스 요금은 당분간 변동이 없을 것으로 보인다

0079

unbelievable
[əˌnbəli'vəbəl]

형 믿을 수 없는

an unbelievable case 믿을 수 없는 사건
The hot was unbelievable 더위가 믿을 수 없을 정도로 극심했다

0080

allow
[əláu]

통 허락하다 명 allowance 허락 유 permit
어원 allow+[목적어]/allow+doing [행위 등을] 허락하다

allow A to B A가 B하는 것을 허락하다
allow a cake to burn 과자를 태워 버리다
My parents allowed us to get married
부모님은 우리가 결혼하는 것을 허락하셨다

0081

concentrate
[kánsəntrèit]

통 집중하다 명 concentration 집중 유 focus
어원 con(함께)+centr(중심에 모이다)+ate((…처럼)하다)

concentrate on ~에 집중하다
concentrate on studying 공부에 여념이 없다
I was too tired to concentrate 나는 너무 피곤해서 집중할 수가 없었다

0082

focus
[fóukəs]

통 초점을 맞추다, 집중하다[시키다] 유 concentrate

focus on ~에 집중하다
the focus of attention 주목의 대상
I can't really focus on my work 나는 일에 집중할 수 없었다

0083

luggage
[lʌgidʒ]

명 여행 가방, 수화물 유 baggage
어원 lug(질질 끌다)+age(것)

carry-on luggage 휴대용 여행 가방
several pieces of luggage 몇 개의 수화물
He's packing his luggage 그가 짐을 묶고 있다

0084

prepare
[pripéər]

통 준비하다 명 preparation 준비
어원 pre(전에)+pare(준비하다)

prepare for ~을 준비하다
prepare one's lessons 학과를 예습하다
prepare for the future 앞일에 대비하다
She said there is not enough time to prepare
그녀는 준비할 시간이 충분치 않다고 말했다

0085

wander
[wάndər]

통 헤매다 형 wandering 돌아다니는 유 roam

wander lonely as a cloud 구름처럼 외로이 떠돌다
wander along the street 거리를 어슬렁거리다
go for [=take] a wander 어슬렁어슬렁 걷다
She allowed her mind to wander
그녀는 마음이 가는 대로 내버려 두었다

0086

assembly
[əsémbli]

명 집회 통 assemble 모으다 유 meeting
기본 assembly 복수 assemblies

National Assembly 국회
assembly plant 조립 공장, 일관 작업 공장
The assembly will convene in April 그 회의는 4월에 소집될 것이다

0087

dine
[dain]

통 저녁식사 하다 명 dinner 저녁식사 유 eat

dine out 외식하다
wine and dine 푸짐하게 대접하다
Most of the dinner is at home 저녁 식사 대부분은 집에서 한다

0088

moment
[móumənt]

명 순간 형 momentary 순간적인
어원 move(움직이다)+ment(것)→움직임

at any moment 당장
a moment or two later 잠시 후에
I couldn't do anything for a moment
저는 잠시 동안 아무것도 할 수 없었어요

0089

range
[reindʒ]

명 범위, 사정거리, 줄 유 scope

range 유효할 수 있는 범위
reach 닿을 수 있도록 손을 뻗는 것
scope 미리 정해 놓은 범위, 한계
at long range 원거리에서
These missiles have a range of 300 km
이 미사일은 사정거리가 300키로이다

0090

underground
[ə'ndərgrauˌnd]

형 지하의 어원 under(밑의)+ground(땅)

an underground cave 지하 동굴
go underground (반정부 조직 등이) 지하로 숨어들다
We have to dig 50 meters underground
우리는 지하 50미터를 파야 한다

0091

alone
[əlóun]

부 혼자, 홀로 유 solely 어원 all(완전히)+one(한 사람)

leave someone alone ~를 홀로 내버려두다
※solitary, lone, lonesome, lonely에는 「홀로 쓸쓸한」의 뜻이 함축, alone은 중립적임
He gallantly battled on alone 그는 용감하게 혼자서 계속 싸워 나갔다

0092

conductor
[kənd∧ktər]

명 지휘자, 기관사

runabout guest conductor 돌아다니며 지휘하는 객원 지휘자
train conductor 기차의 차장
The conductor was able to finish the performance safely
지휘자는 무사히 공연을 마칠 수 있었다

0093

erase
[iréis]

동 지우다 명 eraser 지우개 유 remove
어원 e(바깥으로)+rase(문질러 빼다)→문질러서 지워 없애다

erase a word 단어를 지우다
erase out of 삭제하여 ~못하게 하다
Please erase the blackboard writing 칠판 글씨는 지워주세요

0094

hang
[hæŋ]

동 매달다, 매달리다 유 suspend

hang A on B [A(별명 등)를 B(사람)에게] 붙이다
hang one's head (부끄러워) 고개를 숙이다 hang-hung-hung
hang out with ~와 시간을 보내다, ~와 어울려 놀다
Wait a minute, and don't hang up the phone
잠시만 기다리세요, 전화 끊지 마세요

0095

necessary
[nésəsèri]

형 필요한, 필수의 명 necessity 필요 반 unnecessary 불필요한

if necessary 만일 필요하다면
it is necessary ~할 필요가 있다
If necessary, I will participate in this operation
필요하다면 이 작전에 참가하겠습니다

0096

rank
[ræŋk]

명 계급, 지위 동 등급을 매기다

be in the first rank 일류급이다
air rank 공군 장성의 계급
rug rank 집무실에 카펫을 깔 수 있는 고급 장교
She takes top of the rank name is Billboard
그녀는 빌보드 차트 정상에 섰다

0097

warn
[wɔːrn]

동 경고하다 명 warning 경고 유 alarm

warn A of B A에게 B에 대하여 경고하다
warn of a typhoon 태풍이 온다고 경고하다
This is the third and last time I'll warn you!
이건 너에게 하는 세 번째이자 마지막 경고야!

0098

confidence
[kánfədəns]

명 자신, 확신, 신용 형 confidential 기밀의, 은밀한

with confidence 자신을 갖고, self-confidence 자신감, 자부심
build confidence 신용을 쌓다
His confidence had never flagged 그의 자신감은 조금도 변하지 않았다

0099

forecast
[fɔˈrkæˌst]

동 예보하다 명 예보 유 predict
어원 fore(미리, 사전에)+cast(던지다)→예정하다

a weather forecast 일기 예보
short term economic forecast 단기경제예측
Snow is forecast for the weekend 주말 동안에는 눈예보가 있습니다

0100

motherland
[mə'ðərlæˌnd]

명 모국

miss the motherland 모국을 그리워하다
fatherland. 조상의 땅, 조국
She set foot on her motherland again 그녀는 고국 땅을 다시 밟았다

0101

rarely
[réərli]

부 드물게, 좀처럼 ~않고 형 rare 드문 반 commonly 흔히

rarely ever 좀처럼 ~하지 않는
He paints rarely 그는 그림을 아주 잘 그린다
He rarely shows up in public these days
그는 요즘 대중 앞에 좀처럼 모습을 드러내지 않는다

0102

Venus
[víːnəs]

명 금성

비너스: 로마 신화의 사랑과 미의 여신; 그리스 신화의 Aphrodite에
해당함
venus de milo 밀로의 비너스
I can distinguish Venus from Mercury
나는 금성과 수성을 구분할 수 있다

0103

bright
[brait]

형 밝은 명 brightness 밝음 반 dark 어두운

bright colors 밝은 색
bright-eyed 눈매가 시원한
He gave me a bright smile 그는 나에게 환한 미소를 지어 보였다

0104

cradle
[kréidl]

명 요람

from the cradle 어린 시절부터
watch over the cradle 성장을 지켜보다
You have to take responsibility from cradle to grave
요람에서 무덤까지 책임을 져야 합 니다

CROSS WORD QUIZ

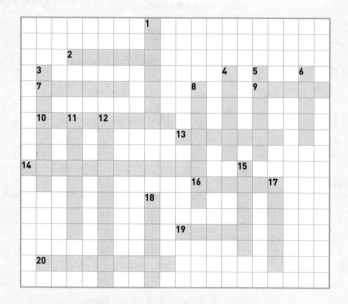

0105

familiar
[fəmíljər]

형 잘 알려진, 친숙한 명 familiarity 친숙함

be familiar with ~을 잘 알다
A be familiar to B   A는 B에게 잘 알려져 있다
She was humming a familiar tune
그녀가 귀에 익은 곡조를 흥얼거리고 있었다

0106

laboratory
[lǽbərətɔ̀:ri]

명 실험실 형 실험실의 어원 laborat(일하다)+ory(장소)→일터

a chemical laboratory 화학 실험실
clinical laboratory 임상검사실
The company decided to build a laboratory
그 회사는 실험실을 짓기로 결정했다

0107

repair
[ripέər]

명 수리 동 수리하다 명 repairman 수리공 유 fix

repair service 수리 서비스
repair the coatrack 코트 걸이를 고치다
The hotel was in need of repair 그 호텔은 보수가 필요한 상태였다

0108

uneasy
[ʌní:zi]

형 불안한 명 uneasiness 불안

feel uneasy about becoming ~이 되는 것이 걱정되다
an uneasy pose 불안한 자세
He woke from an uneasy sleep to find the house empty
그가 어수선한 잠에서 깨어나 보니 집이 텅 비어 있었다

0109

amaze
[əméiz]

동 깜짝 놀라게 하다 명 amazement 놀람 형 amazed 깜짝 놀란
유 surprise 어원 a(몹시)+maze(난처하게 하다)

That amazes me 그것 놀랍군
Will she amaze the world again? 그녀가 다시 세계를 놀라게 할까?

0110

clap
[klæp]

동 박수 치다, 손뼉 치다

clap one's hands 박수 치다
clap enthusiastically 열렬히 박수를 치다
We clapped and screamed when she won the Academy Award for Best Supporting Actress
우리는 그녀가 아카데미 여우조연상을 수상했을 때 박수를 치고 소리를 질렀다

111

forgive
[fərgív]

동 용서하다 유 excuse
어원 for(떨어져)+give(주다)

forgive A for B B에 대하여 A를 용서하다
forgive a person his debt 남의 빚을 면제해 주다
Can you find it in your heart to forgive him? 그를 용서할 수 있어?

0112

replace
[ripléis]

동 대신하다, 되돌리다 명 replacement 대체 유 take the place of
어원 re(원점으로)+place(놓다)

replace the receiver 수화기를 놓다
She will be difficult to replace when she leaves
그녀가 떠나고 나면 그녀를 대신할 사람을 찾기는 힘들 것이다

0113

bunch
[bʌntʃ]

명 다발 유 bundle

the best of the bunch 엄선한 것
a bunch of keys 열쇠 뭉치
He picked me a bunch of flowers 그가 나에게 꽃을 한 다발 꺾어 주었다

0114

dump
[dʌmp]

동 버리다 유 throw away

garbage dump 쓰레기수거장 폐기물집적장
dump on 질문 공세를 펴다
She always cores dump to me
그녀는 항상 생각한 것을 내게 모두 털어 논다

0115

inequality
[ìnikwάləti]

형 같지 않음, 불평등 **형** inequitable 불평등한
반 equality 한결같음, 균등성

educational inequality 교육적 불평등
explain of inequality 부등식을 푼다
The treaty is a clear inequality treaty 그 조약은 명백한 불평등 조약이다

0116

protection
[prətékʃən]

형 보호 **동** protect 보호하다

protection of human rights 인권보호
To protect human rights, she decided to become a lawyer
인권을 보호하기 위해 그녀는 변호사가 되기로 결심했다

1017

absorb
[æbsɔ́:rb, æbzɔ́:rb]

동 흡수하다 **형** absorption 흡수 **유** suck up
어원 ab(…에서)+sorb(받아들이다)

be absorbed in ~로 흡수되다
The bumper absorbed most of the shock of impact
범퍼가 충돌의 쇼크를 대부분 흡수했다

0118

confusion
[kənfjú:ʒən]

형 혼란, 당황 **동** confuse 혼란스럽게 하다 **유** disorder

1. confusion : 혼란
2. disorder : 무질서, 혼란
3. disarray : 혼란, 교란. disorder보다 심한 혼란
be in confusion 당황하다
She looked at me in confusion and did not answer the question
그녀가 당혹하여 나를 쳐다보며 그 질문에 대답을 하지 못했다

0119

external
[ikstə́:rnl]

형 외부의 **부** externally 외부로 **반** internal 내부의
어원 exter(외부의)+n(음편으로서 붙은 n)+al(…에 관한)

for external use only 외용 전용
external pressure 외압
The successful candidate was changed by external pressure
그 합격자는 외압에 의해 바뀌었다

0120
misuse
[mìsjúːs]

图 오용하다 명 misusage 오용 유 abuse
어원 mis-(잘못)+use(사용하다)

The misuse of power by government officials
국가 공무원의 권력 남용

0121
protest
[próutest]

图 항의하다 명 항의 명 protestation 항의 유 object
어원 pro(남 앞에)+test(증인이 되다)

without protest 이의 없이
I protest my innocence 결단코 나의 결백함을 주장합니다

0122
warrior
[wɔ́ːriər]

명 전사 유 fighter

a legendary warrior 전설적인 전사
The Maasais, the boys are brought up to be warriors
마사이족에서 남자 아이들은 전사로 키워집니다

0123
creep
[kriːp]

图 기다 형 creepy 오싹하게 하는

creep into ~에 몰래 들어가다
season creep 계절의 변화
creep into 1. ~에 몰래 다가가다 2. 남의 비위를 살살 맞추다
Prices will continue to creep low 물가는 계속 낮아질 것이다

0124
fortunate
[fɔ́ːrtʃənət]

형 운 좋은 부 fortunately 운 좋게도 유 lucky
어원 라틴어 fortuna(운수, 행운), fortunatus(행운의)

a fortunate event 운 좋은 사건
I was fortunate in finding things 나는 다행히 물건을 찾았다

mixture
[míkstʃər]

명 혼합 **동** mix 섞다 **유** blend

by a mixture 혼합해서
mixture of flour and eggs 밀가루와 계란의 혼합
The meeting is a mixture of old and young people
그 모임은 노인과 젊은 사람들이 섞여 있다

scenery
[síːnəri]

명 풍경, 경치 **형** scenic 경치의, 경치가 좋은 **유** landscape

1. scenery 아름다운 경치
2. landscape 한눈에 보이는 풍경
3. view 특정 장소에서 보이는 풍경
natural scenery 자연 풍경
The scenery was so beautiful that I stopped the car
경치가 너무 아름다워서 나는 차를 세웠다

artistic
[aːrtístik]

형 예술적인, 미술적인 **명** art 예술, 미술 **반** unartistic 비예술적인

artistic ability 예술적 능력
The building has artistic value 그 건물은 예술적 가치가 있다

deny
[dinái]

동 부정하다, 부인하다 **명** denial 부정, 부인 **반** admit 인정하다

1. deny 사실이 아니라고 부인하다
2. say no (제안 등을) 거절하다
3. refuse (제의 등을 단호히) 거절하다
deny one's crime 죄를 부정하다
She refused to deny or confirm 그녀는 긍정도 부정도 하지 않았다

jail
[dʒeil]

명 감옥 **유** prison

be sent to jail 투옥되다
They were jailed for calling for independence
그들은 독립을 요구하다 투옥되었다

0130
pound
[paund]

명 파운드 통 치다, 두드리다

by the pound 파운드 단위로
pound out‥/pound ‥out ‥을 세게 두들겨 납작하게 하다
pound-foolish 한 푼 아끼고 천금을 잃는
The unit of money in the UK is pounds 영국의 화폐 단위는 파운드이다

0131
untidy
[əntai'di]

형 단정치 못한, 지저분한 반 tidy 단정한

an untidy street 너저분한 거리
an untidy person 지저분한 사람
The house was dirty and untidy 그 집은 더럽고 어수선했다

0132
classify
[klǽsəfài]

통 분류하다 명 classification 분류
어원 class(계급, 종류)+ify(‥으로 하다)

classify books 책을 분류하다
classify in alphabetical order 알파벳순으로 분류하다
Classify books by author 저자별로 책을 분류합니다

0133
error
[érər]

명 에러, 실수 형 erroneous 잘못된 유 mistake

correct an error 실수를 고치다
trial and error 시행 착오
I've left out error correction and a bunch of other things
오류 수정 및 기타 여러가지 사항을 생략했습니다

0134
majority
[mədʒɔ́ːrəti]

명 대다수, 대부분 형 major 대부분의 반 minority 소수

in the majority of cases 대개의 경우에
This is true in the majority of cases 대다수의 경우 사실이다

0135

representation
[rèprizentéiʃən]

명 표현

the representation of one's mind 마음의 표현
provide a realistic representation 현실적인 주장을 하다
the representation of the visible world 눈에 보이는 세계의 묘사
This statue is a representation of Venus
이 조각상은 비너스를 표현한 것이다

0136

untie
[əntaiˈ]

동 풀다 **반** tie 묶다

untie a knot 매듭을 풀다
untie a horse from a fence 울타리에서 말을 풀어주다
It's too tight to untie the knot 너무 꽉 묶어 매듭이 안 풀린다

0137

easygoing
[iˈzigouˈiŋ]

형 태평스러운

an easygoing person 수더분한 사람
She has an easygoing and cool attitude
그녀는 성격이 털털하고 시원시원하다

0138

manage
[mǽnidʒ]

동 관리하다, 용케 ~해내다 **명** management 관리 **유** run, control

manage one's affairs ~의 일을 처리하다
The new branch manager will be appointed this week
새 지점장이 이번 주에 임명될 것이다

0139

swear
[swɛər]

동 맹세하다 **유** pledge

swear by ~을 두고 맹세하다 swear-swore-sworn
He swore to have returned the book
그는 책을 돌려주겠다고 맹세했습니다

0140

assign
[əsáin]

통 할당하다, 지정하다 **명** assignment 할당, 지정 **유** allocate
어원 as(…에)+sign(흔적을 남기다)

assign work 일을 할당하다
assign a day for a test 시험 날짜를 정하다
Students were assigned part of the class as volunteer hours
학생들은 수업의 일부를 자원봉사 시간으로 배정받았다

0141

faith
[feiθ]

명 신뢰 **형** faithful 충실한 **유** trust

by one's faith 맹세코
give faith in a person's promise 남의 약속을 신용하다
She has a sincere faith 그녀는 신실한 믿음을 가지고 있다

0142

moisture
[mɔ́istʃər]

명 습기 **유** damp

moisture-proof 방습의
There is much moisture in the air today 오늘은 습기가 많다

0143

tourism
[túərizm]

명 관광

eco-tourism 환경보호 지향 관광
The country depends on tourism for much of its income
그 나라는 그 나라의 많은 수입을 관광사업에 의존하고 있다

0144

code
[koud]

명 암호 **통** 암호로 하다 **유** sign

Morse Code 모스 부호
The spy coded the transmission of information
스파이는 정보의 전송을 암호화했다

injustice
[indʒʌstis]

명 불공정 **반** justice 공정 **어원** in(…이 아닌)+justice(정당함)

without injustice 공정하게
commit a great injustice 커다란 부정을 저지르다.
She felt angry at the injustice of the situation
그녀는 그 상황의 부당성에 화가 났다

precious
[préʃəs]

형 귀중한 **부** preciously 매우, 소중하게 **유** valuable
어원 price(가격)+-ous(…이 많은)

a precious natural treasure 천연기념물
one's precious son 귀여운[소중한] 자식.
I didn't touch your precious cell phone!
나는 너의 소중한 휴대폰을 만지지 않아!

accord
[əkɔ́:rd]

동 일치하다 **명** 조화 **명** accordance 일치
어원 ac(…을 향하여)+cord(중심)

be in accord with ~와 조화되다
She came back of her own accord 그녀는 자진해서 돌아왔다

according
[əkɔ́:rdiŋ]

형 일치하는, 조화되는 **부** ~에 따라서

according to ~에 따라서
according to schedule 예정대로
The work was done according to his instructions
그 일은 그의 지시에 따라 행해졌다

create
[kriéit]

동 창소하나 **명** creation 창조

create a scene 소란을 피우다
God created man. 신은 인간을 창조했다
The Queen created him a knight 여왕은 그에게 기사의 칭호를 수여했다

CROSS WORD
QUIZ

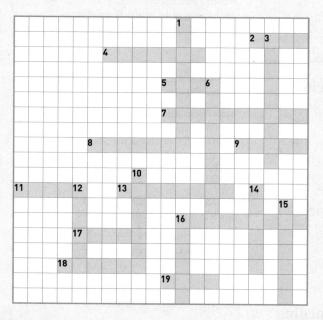

across		down	
2 부정하다		1 운 좋은	mean that they are lucky
4 혼합		3 태평스러운, 게으른	calm, relaxed, casual and informal
5 버리다		6 보호	prevent people or things from being harmed or damaged by it.
7 실험실		10 항의하다	you say or show publicly that you object to it
8 용서하다		12 수리하다	Broken or not working properly should do this
9 금성		14 할당하다, 지정하다	a piece of work to someone, you give them the work to do.
11 실수		15 관광	for example hotels, restaurants, and trips.
13 예술적인		16 요람, 아기침대	baby's bed with high sides
16 혼란, 당황			
17 깜짝놀라게하다			
18 밝은			
19 박스			

essence
[ésns]

명 본질, 진수 형 essential 필수적인 유 nature

1. essence 영적인 것
2. substance 세속적인 것
the essence of religion 종교의 본질
Freedom is the very essence of our democracy
자유는 민주주의의 본질이다

master
[mǽstər]

명 정통한 사람 명 mastery 정통

be master of ·· 1. …을 지배할 수 있다 2. …을 소유하다
a master of disguise 변장에 능한 사람
He is a master of four languages 그는 4개 국어에 능통한 사람이다

scary
[skéəri]

형 무서운 통 scare 겁먹게 하다 유 frightening

a scary moment 무서운 순간
He looks a little scary 그는 좀 무섭게 생겼다

violent
[ənfe'r]

형 난폭한 명 violence 격렬 반 gentle 온화한

violent heat 폭염
receive unfair treatment 불공평한 대우를 받다
He gave a violent sneeze 그가 심하게 재채기를 했다

broadcast
[brɔ́:dkæst]

통 방송하다 참고 be on the air 방송 중이다
어원 broad(광범위하게)+cast(넌셔신)

broadcast live 생방송을 하다
The BBC broadcasts to all parts of the world
BBC는 세계의 구석구석까지 방송된다

0155
effectively
[iféktivli]

부 효과적으로 **형** effective 효과적인 **반** ineffectively 효과 없이

do effectively 효과적으로 하다
deal effectively with ~를 유효하게 취급하다
She does her job very effectively. 그녀는 일을 아주 효율적으로 한다

0156
include
[inklú:d]

동 포함하다 **명** inclusion 포함 **반** exclude 제외하다
어원 in(속으로)+clude(닫히다)→가두다

batteries not included 건전지 별매
The book includes an index. 그 책은 색인이 붙어 있다

0157
scene
[si:n]

명 장면, 광경 **명** scenery 전체의 풍경 **유** view

on the scene 현장에, 그 자리에
What I'm going to do is I'm going to review those two scenes
이제 이 두 장면을 다시 한 번 살펴보겠습니다

0158
activity
[æktívəti]

명 활동 **형** active 활동적인

a hive of activity 활기가 넘치는 곳
a club activity 특별 활동, 동아리 활동
Dancing is one of the most human activities
춤은 가장 인간적인 행위 가운데 하나이다

0159
client
[kláiənt]

명 고객 **유** customer
어원 cli(기대다, 의지하다)+ent(사람)→의뢰하는 사람→고객

a regular client 단골 손님
She had lunch with a client at Hyatt hotel
그녀는 하얏트 호텔에서 고객과 점심을 먹었다

fasten
[fǽsn]

통 묶다, 고정시키다 유 tie

fasten with buttons 단추를 채우다
fasten one's arms around a person's neck 남의 목에 팔을 휘감다.
Fasten one's seat belt tight 안전벨트를 단단히 매다

material
[mətíəriəl]

명 재료, 물질 유 substance

a fire-resisting material 불에 잘 견디는 재료
The material takes a long time to decompose
그 물질은 분해되는 데 오랜 시간이 걸린다

schedule
[skédʒuːl]

명 일정, 시간표 형 schedular 일정의 유 plan

according to schedule 일정에 따르면
I never work on a schedule 나는 언제나 예정을 세우지 않고 일을 한다

actually
[ǽktʃuəli]

부 실제로 형 actual 실제상의 유 really

actually, really 말하는 내용을 강조
놀라운 일을 말할 때 actually는 놀라운 일 앞에 위치
Actually, you still owe me $100
사실 너는 내게 아직도 100달러를 빚졌다

cliff
[klif]

명 낭떠러지, 벼랑 유 bluff

cliffhanger 스릴 만점의 영화, 손에 땀을 쥐게 하는 것
We went off a cliff but we recovered
우리는 벼랑 끝에서 떨어졌지만 회복했습니다

even
[íːvən]

[부] ~조차, ~라도

even now 지금까지도
Even children judge your mistakes
심지어 아이들도 당신의 실수를 판단합니다

indeed
[indíːd]

[부] 정말로 [유] really

thank you very much indeed 정말 대단히 고맙습니다
She greeted us very cheerfully indeed
그녀는 실로 매우 기분 좋게 우리에게 인사했다

reality
[riǽləti]

[명] 현실 [유] truth

reality based 실화에 근거한
a reality check 현실 확인
The dream has become a reality 그 꿈이 현실이 되었다

therapy
[θérəpi]

[명] 치료 [유] treatment

be in therapy 치료를 받고 있다
alternative therapies 대체 요법
He had been undergoing therapy and was recovering from the
treatment 그는 치료를 받으며 회복되고 있었다

animate
[ǽnəmèit]

[동] 만화영화로 만들다 [명] animation 만화영화
[어원] 라틴어 animatus(생명을 불어넣다)

an animated movie 만화영화
His arrival animated the party 그가 도착하자 파티는 활기에 넘쳤다

conscious
[kάnʃəs]

형 알고 있는, 지각하고 있는 명 consciousness 의식 유 aware
어원 con(함께)+scious(알고 있다)

be conscious of ~을 알고 있다
He's very conscious of the problems involved
그는 관련된 문제들을 아주 잘 의식하고 있다

0171

headline
[heˈdlaiˌn]

명 헤드라인, 표제 동 표제를 붙이다, 떠들썩하게 퍼뜨리다

hit a headline 머리기사를 장식하다
headline news 주요 뉴스
What's the headline for today's newspaper?
오늘 신문의 헤드라인은 무엇입니까?

0172

produce
[prədjúːs | -djúːs]

동 생산하다, 산출하다 명 production 생산 유 yield
어원 pro(앞으로)+duce(이끌다)

produce oil 석유를 산출하다
It says on the label 'Produce of Italy'
라벨에는 '이탈리아산'이라고 쓰여 있다

0173

square
[skwɛər]

명 정사각형 참고 rectangle 직사각형
어원 ex(완전하게)+quare(사각으로 하다)

a square-shaped clock 정사각형 모양의 시계
The four sides of a square are the same length
정사각형의 네 변의 길이는 모두 같다

0174

brow
[brau]

명 이마, (pl.) 눈썹 명 eyebrow 눈썹

a beetling brow 튀어나온 이마
bend one's brows 이맛살을 찌푸리다
His brow darkened 그의 표정이 어두워졌다

discomfort
[diskʌmfərt]

명 불쾌, 불편 **반** comfort 편안함

discomfort index 불쾌 지수
The humidity was so high that the discomfort index increased
습도가 높아 불쾌지수가 높아졌다

healthy
[hélθi]

형 건강한, 건강에 좋은 **유** healthful 건강에 좋은
반 unhealthy 건강이 좋지 못한

1. healthy 건강한
2. healthful 건강을 증진시키는
3. salutary 건강의 유지·회복
4. sound 심신에 아무런 결함이 없는
a healthy diet 건강에 좋은 식사
Our finances are healthy 우리의 재정 상태는 양호하다

resource
[rí:sɔːrs]

명 자원 **어원** re(다시)+source(일어서다)

natural resources 천연 자원
An industry based on natural resources has developed
천연자원에 기반을 둔 산업이 발달했다

advance
[ædvǽns]

명 진보 **형** advanced 진보한

in advance 미리, 사전에
The captain advanced his troops 지휘관은 부대를 전진시켰다

crowd
[kraud]

명 군중, 인파

crowd puller 1. 인기를 끄는 것 2. 사람들을 끄는 것
in crowds 여럿이서
A large crowd gathered for the final 많은 관중이 결승전을 위해 모였다

0180

mechanical
[məkǽnikəl]

[형] 기계의 [명] machine 기계

a mechanical problem 기계에 관한 문제
mechanical products 기계 제품
Teaching is not mechanical, it's emotional
가르치는 것은 기계적인 것이 아니라 감정적인 것입니다

0181

sculpture
[skʌlptʃər]

[명] 조각 [형] sculptural 조각된, 조각술의

exhibit a sculpture 조각을 전시하다
a stone sculpture 석조
It is the biggest sand sculpture festival in the world
이 축제는 세계에서 가장 큰 모래 조각 축제입니다

0182

award
[əwɔ́:rd]

[동] 수여하다 [명] 상 [유] prize

academy award 아카데미상
a customer award 고객 만족상
The Nobel prize for literature was awarded to William
윌리엄에게 노벨 문학상이 수여되었다

0183

discussion
[diskʌ́ʃən]

[명] 토론, 논의 [동] discuss 토론하다 [유] debate

1. discussion 서로 진지하게 대화
2. argument 서로 동의하지 않고 설득
3. beyond discussion 논할 여지도 없는
We reached a conclusion through several discussions
우리는 몇 차례 토론을 통해 결론을 내렸다

0184

collapse
[kəlǽps]

[동] 무너지다, 붕괴하다 [명] 붕괴
[어원] col(함께)+lapse((미끄러져) 떨어지다)

the collapse of the tower 탑의 붕괴
The fence collapsed during the storm 담은 폭풍으로 쓰러졌다

0185

homesick
[hóumsìk]

형 향수병의 명 homesickness 향수병

feel homesick 향수병을 느끼다
When I first came to the U.K. 21 years ago, I was homesick
제가 21년 전 처음 영국에 왔을 때, 저는 향수병에 걸렸습니다

0186

mop
[map]

명 대걸레 통 (대걸레로) 닦다

mop the floor with somebody 논쟁이나 경기에서 ~를 납작하게 누르다
The floor of the classroom should be cleaned with a mop
교실 바닥은 대걸레로 닦아야 한다

0187

specialty
[spéʃəlti]

명 전문, 특제품 형 special 특별한

make a specialty of …을 전문으로 하다
specialty foods 특선 식품
Art criticism is his specialty 예술 비평이 그의 전문이다

0188

welfare
[wélfɛər]

명 복지 어원 고대영어 wel(잘)+faran(가다)

public welfare 공공복지
If you are an advanced country, public welfare should be well-equipped 선진국이라면 공공복지가 잘 갖춰져야 한다

0189

cunning
[kʌniŋ]

형 교활한, 영리한 명 cunningness 교활함 반 frank 숨김없는 유 sly

a cunning fox 영리한 여우
The wolf in the fairy tale is cunning 동화 속의 늑대는 교활하다

0190

edit
[édit]

통 편집하다 명 edition 판, 간행, editor 편집자

copy-edit 송고 정리를 하다
edit out 삭제하다
All the scenes he appeared in were edited out
그가 출연한 모든 장면들이 편집되었다

0191

mature
[mətjúər]

형 성숙한 통 성숙하게 하다 명 maturity 성숙 빤 immature 미숙한

a mature student 성숙한 학생
mature cheese 잘 익은 치즈.
She is very mature for her age 그녀는 나이에 비해 성숙하다

0192

speculate
[spékjulèit]

통 사색하다, 깊이 생각하다 명 speculation 사색, 심사숙고
유 consider

speculate on the stock market 주식 시장에 투자하다
speculate on life 인생에 대해 사색하다
Speculate about the meaning of life 인생의 의미를 곰곰이 생각하다

0193

cast
[kæst]

통 던지다 유 throw

cast ‥ away / cast away ‥
1. …을 물리치다 2. (보통 수동태) …을 난파시키다
cast a vote 투표하다
I disliked the arrogant cast to his mouth
나는 그가 말할 때의 그 오만한 태도가 싫었다

0194

distinguish
[distíŋgwiʃ]

통 구분 짓다 형 distinguishable 구분할 수 있는
어원 dis(떨어져)+stinguere(찌르다, 꿰뚫다)+ish(하다)

1. distinguish 특색으로 다른 사물과 구별하다.
2. differentiate 두 사물의 차이를 엄밀히 분산하나
3. discriminate 사물과 사물 사이의 미묘한 차이
distinguish A from B A와 B를 구분하다
Nothing could be distinguished in the fog
안개가 끼어서 아무 것도 보이지 않았다

maximum
[mǽksəməm]

형 최대의, 최고의 동 maximize 최대화하다

to the maximum 최대한에
the maximum number 최대 수
Today's temperature reached a maximum of 35℃
오늘 기온이 최고 35도까지 올라갔다

struggle
[strʌgl]

동 버둥거리다, 분투하다, 싸우다 명 노력, 투쟁
형 struggling 분투하는 유 fight

struggle through A A를 헤치고 나아가다
a struggle for power 권력 투쟁
Struggle one's way through the crowd 군중 속을 밀치고 나아가다

biography
[baiágrəfi]

명 전기, 일대기 유 life story
어원 bio(생물(에 관하여))+graphy(기술된 것)

the biographies of the saints 성인들의 전기
His official biography says he was born in 1952
그의 공식적인 전기는 그가 1952년에 태어났다고 말한다

despite
[dispáit]

전 ~에도 불구하고 유 in spite of

1. desire 신문 등에서 많이 쓰임
2. in spite of 뜻이 가장 강함
3. notwithstanding 뜻이 가장 약함
do despite to …을 모욕하다.
despite the fact that+절 ~라는 사실에도 불구하고
I failed the test despite studying all the night
밤새도록 공부했음에도 불구하고 시험에 떨어졌다

0199

fascinate
[fǽsənèit]

동 황홀하게 하다, 매혹하다 명 fascination 매혹, 매료
반 bore 지루하게 하다 어원 fascin(마법에 걸리다)+ate(…하다)

be fascinated to see[hear] …을 보고[듣고] 황홀해지다
The students were fascinated with his ideas
학생들은 그의 아이디어에 매료되었다

0200

response
[rispάns]

명 응답 동 respond 응답하다 유 answer

in response to a question[public opinion] 질문[여론]에 응답하여
in response to ~에 응하여
I kept contacting them, but they didn't repond
제가 계속 연락을 했는데, 응답이 없더라고요

0201

cattle
[kǽtl]

명 소 유 cows

ship cattle by railroad 소를 철도로 수송하다
cattle and sheep 소와 양
The cattle are grazing in the pasture 소가 목장에서 풀을 뜯고 있다

0202

educational
[èdʒukéiʃənl]

형 교육적인 명 education 교육 유 instructive

an educational system 교육 제도
an educational film 교육 영화
The book didn't have much educational content
그 책에는 교육적인 내용이 많지 않았다

0203

install
[instɔ́:l]

동 설치하다 명 installation 설치
어원 in(…의 안에)+stall(성직자석)→임명하다

install a telephone 전화를 달다
I installed the program on the newly purchased computer
새로 구입한 컴퓨터에 프로그램을 설치했습니다

CROSS WORD
QUIZ

across	down	
2　출연자들	1　응답, 답장	to something that is said is your reply or reaction to it
4　방송하다, 널리알리다	2　사람들, 군중	a large group of people who have gathered together
6　대걸레, 자루걸레	3　의식하는, 자각하는	you notice it or realize that it is happening.
7　편집하다	5　정사각형	a shape with four sides that are all the same length
8　주요뉴스, 제목	7　~도 ~ 조차	to suggest that what comes just after or just before it in the sentence is rather surprising.
10　현장, 장면	11　진전, 발전	to move forward, often in order to attack someone
12　논의, 상의	13　향수병	you are away from home and are missing your family, friends
16　자원, 재원	14　전기, 일대기	someone is an account of their life, written by someone else.
17　교활함	15　불편, 가벼운통증	a painful feeling in part of your body
18　붕괴되다, 무너지다		

0204

sharp
[ʃaːrp]

형 날카로운 부 sharply 날카롭게 반 blunt 무딘

a sharp knife 날카로운 칼
A sharp knife should always be careful
날카로운 칼은 항상 조심해야 한다

0205

attachment
[ətǽtʃmənt]

명 붙이기, 부착, 애착 동 attach 붙이다

have an attachment to ~을 좋아하다
a deep attachment 깊은 애정
There was a strong attachment between the two
둘 사이에는 강한 애착이 있었다

0206

distrust
[distrʌst]

동 불신하다 형 distrustful 의심 많은 반 trust 믿다

distrust a person's words 남의 말을 신용하지 않다
distrust of politics 정치 불신
She was unsuccessful because people still distrusted her
사람들이 여전히 그녀를 불신했기 때문에 그녀는 성공하지 못했다

0207

instance
[ínstəns]

명 보기, 사례 유 example

1. instance : 구체적 사례
2. case : 사실·사건·사태
3. example : 본보기
4. illustration : 어떤 원리를 밝히기 위한 예
an instance where… …하는 경우
for instance 예를 들면
There have been many instances of artists dying young
예술가들이 젊은 나이에 죽는 사례가 많이 있었다

0208

petroleum
[pətróuliəm]

명 석유　어원 라틴어 petra(돌)+oleum(기름)

develop petroleum resources 석유 자원을 개발하다
crude petroleum 원유
China produces petroleum but not enough
중국은 석유를 생산하지만 충분치 못하다

0209

tremble
[trémbl]

통 떨리다, 떨다　명 trembling 떨림, 진동　유 shake, shiver

tremble in every limb 사지가 떨리다
tremble in fear 두려워 떨다
I tremble to think what has become of her
나는 그녀가 어떻게 되었는지 생각만 해도 떨린다

0210

commercial
[kəmə́:rʃəl]

형 상업상의, 상업적인　명 commerce 상업

a commercial treaty 통상 조약
a commercial school 상업학교
His interests are mainly commercial 그의 흥미는 주로 상업적이다

0211

elective
[iléktiv]

형 선택할 수 있는　명 election 선거　유 selective

an elective office 선거로 취임하는 공직
an elective course 선택 과목
The mayor of Seoul is elected through elections
서울 시장은 선거를 통해 선출된다

0212

split
[split]

통 나누다, 쪼개다　명 쪼개짐　유 divide

split-up 1. 분할 2. 분열
split A into B A를 B로 나누다
The party split after the election defeat 선거 패배 후 당은 분리되었다

0213

diverse
[divə́:rs]

형 다양한 명 diversity 다양성 윤 various, different

a man of diverse interests 취미가 다양한 사람
diverse aspects 다양한 양상
This has transformed Australia into a more diverse and multicultural
society 이것은 호주를 더 다양하고 다문화적 사회로 변화시켰다

0214

sponsor
[spánsər]

동 후원하다 명 후원자 명 sponsorship 후원 윤 supporter 후원자

attract a sponsor 후원자를 끌어오다
sponsor a special program 특별 프로그램을 후원하다
I couldn't play because I couldn't find a sponsor
후원자를 찾지 못해 경기를 할 수 없었다

0215

assist
[əsíst]

동 돕다 명 assistance 조력 윤 help
어원 ad(옆에)+sist(서다)→돕다

assist in a campaign 캠페인을 돕다.
assist a professor 교수의 조교를 하다
They assisted me in moving to a new apartment
그들은 내가 새 아파트로 이사하는 것을 도와주었다

0216

blend
[blend]

동 섞다 윤 mix

blend milk and flour (together) 우유와 밀가루를 섞다
blend red with white 빨간색에 흰색을 섞다
There are colors that do not blend with one another.
서로 섞이지 않는 색이 있다

0217

vacant
[véikənt]

형 비어 있는 명 vacancy 빈자리 윤 empty

a vacant parking space 비어 있는 주차장
a vacant seat 공석
I felt her vacancy greatly 나는 그녀의 빈자리를 크게 느꼈다

0218

giant
[dʒáiənt]

형 거대한 유 big, grand

an economic giant 경제 대국
giant size 거대 사이즈
The giant octopus is 2 meters long
이 거대한 문어는 길이가 2미터입니다

0219

polite
[pəláit]

형 예의 바른, 정중한 부 politely 정중하게 반 impolite 무례한

make oneself polite 붙임성 있게[예절 바르게] 처신하다
in polite language 정중한 말씨로
They apologized politely 그들은 정중히 사과했다

0220

stomach
[stʌmək]

명 위, 배 유 tummy

an empty stomach 공복
kick A in the stomach A의 배를 차다
My stomach hurts like it's pulling 배가 당기는 것처럼 아파요

0221

beloved
[bilʌvid]

형 가장 사랑하는 명 가장 사랑하는 사람

well beloved 가장 사랑받는, 매우 존경받는
my beloved dog 내 사랑하는 강아지
The Beatles are one of the most beloved bands
비틀즈는 가장 사랑받는 밴드중 하나이다

0222

disease
[dizíːz]

명 질병 유 illness
어원 dis(반대)+ease(안락)→안락하지 않은 것→불쾌

disease control 질병관리
a family disease 유전병
Gum disease is associated with stress and dental care
잇몸질환은 스트레스와 치아관리와 관련이 있다

0223

instant
[ínstənt]

형 즉시의 **부** instantly 즉시 **유** immediate
어원 in(가까이에)+stant(서 있다)→긴급의

at that very instant 바로 그때에
instant food 즉석식품
Instant food is convenient but not tasty
인스턴트 음식은 편리하지만 맛은 없다

0224

straighten
[stréitn]

동 똑바르게 하다 **형** straight 곧은, 일직선의

straighten out the misunderstanding 오해를 풀다
straighten up 똑바로 서다
I had my teeth straightened 나는 치열을 교정했다

0225

bump
[bʌmp]

동 부딪히다 **형** bumpy 울퉁불퉁한

bump one's head against ~에 머리를 부딪히다
get goose bumps 소름이 끼치다
Every time I listen to that, I get goose bumps
저는 그걸 들을 때마다, 소름이 돋죠

0226

depend
[dipénd]

동 의존하다, 의지하다 **유** rely

depend on ~에 의존하다, ~에 달려 있다

This timetable cannot be depended on 이 시간표는 믿을 수 없다

0227

frequent
[frí:kwənt]

형 빈번한, 상습적인 **부** frequently 빈번하게 **반** infrequent 드문

make frequent trips to Seoul 서울로 자주 여행 가다
a frequent customer 단골 손님
He enjoys sports and frequents the gym
그는 스포츠를 좋아한다 그래서 체육관에 자주 간다

0228

pollute
[pəlú:t]

동 오염시키다 명 pollution 오염 형 polluted 오염된, 타락한

pollute A with B A를 B로 오염시키다
This highly polluted place is difficult to regenerate
오염이 많은 이곳은 재생하기가 어렵습니다

0229

witness
[wítnis]

명 목격자 동 목격하다 유 eyewitness

call[take] ·· to witness 1. ···을 증인으로 하다 2. ···에게 증명을 구하다
be a witness to ~의 목격자이다
Somebody has to be a witness to what has happened to you
누군가 당신에게 일어난 일에 대한 증인이 되어야합니다

0230

burglar
[bə́:rglər]

명 (주거 침입) 강도 유 housebreaker, robber

burglar alarm 도난 방지용 자동 경보기
The burglar came into the house at 4 a.m.
도둑은 새벽 4시에 그 집에 들어갔다

0231

depress
[diprés]

동 우울하게 하다 형 depressed 우울하게 느끼는
어원 de(밑에)+press(누르다)

depressing weather 우울한 날씨
I felt depressed, so I decided to go on a trip
기분이 우울해서 여행을 가기로 했어요

0232

exchange
[ikstʃéindʒ]

동 교환하다 형 exchangeable 교환할 수 있는
어원 ex(바깥으로)+change(바꾸다)

exchange blows[words] 서로 치고 받다[말다툼하다]
the exchange rate 환율
There was a furious exchange between them
그들 사이에 격렬한 언쟁이 있었다

melt
[melt]

통 녹다

melt down 녹이다
melt away 서서히 사라지다
We have reason to be afraid of melting ice caps
우리는 만년설이 녹는 것을 두려워할 이유가 있다

recommend
[rèkəménd]

통 추천하다 **명** recommendation 추천 **유** suggest

strongly recommend 1. 강력히 권하다 2. 강력하게 추천하다
recommend oneself to ~에 자진하다
I recommend them to play a lot of sports
나는 그들에게 운동을 많이 하라고 추천한다

afterward
[ǽftərwərd]

부 그 후에 **반** beforehand 사전에
어원 after+-ward(공간적·시간적 방향)

one month afterward 한 달 후에
They lived happily ever afterward with dog
그 뒤로 그들은 개와 함께 즐겁게 살았습니다

describe
[diskráib]

통 묘사하다 **명** description 묘사 **어원** de(밑에)+scribe(쓰다)

describe an event 사건을 묘사하다
I would appreciate it if you could describe the situation you saw in
a realistic way
당신이 본 상황을 사실적으로 묘사해 주시면 감사하겠습니다

excitement
[iksáitmənt]

명 흥분 **통** excite 흥분시키다

shout in excitement 흥분하여 소리지르다
in excitement 흥분하여
The game caused great excitement
그 경기는 대단한 흥분을 불러일으켰다

0238

honor
[ánər]

명 명예, 영광 형 honorable 명예로운

bring honor to …에 명예를 가져오다
be one's honor ~의 명예가 되다
They fought hard for the honor of their school
그들은 모교의 명예를 위해 필사적으로 싸웠다

0239

string
[striŋ]

명 끈, 실 형 stringy 실의 유 cord

a ball of string 한 뭉치의 실
a string of pearls 한 줄로 꿴 진주
The violin is basically made of a wood box and four main strings
바이올린은 기본적으로 나무상자와 네 개의 주요 현으로 만들어진다

0240

change
[tʃeindʒ]

동 바꾸다 명 변화

really[completely] change 확실히[완전히] 변하다
change one's mind 생각을 바꾸다
I wanted to change everything about me. Appearance and inner
things 나는 나의 모든 것을 바꾸고 싶었다. 외모와 내면의 것

0241

display
[displéi]

동 진열하다, 나타내다 명 전시 유 show
어원 dis(반대)+play(접다)→(접은 것을) 펴다

1. display 상품 등을 보기 좋게 늘어놓다.
2. exhibit 전람회
3. show 볼 수 있도록 내놓는
4. expose 드러내 보이는 것
5. parade 자랑스럽게 과시하는 것
display hatred 증오를 드러내다.
make a display of ~을 과시하다
It is on display in the Louvre Museum in France
그것은 프랑스 르부르 박물관에 전시되어 있다

0242

hopeful
[hóupfəl]

형 희망에 찬 명 hope 희망 반 hopeless 희망이 없는
어원 hope(희망)+-ful(…이 가득한)

hopeful words 희망에 찬 말
She stood in front of her parents with a hopeful face
그녀는 희망에 찬 얼굴로 부모님 앞에 섰다

0243

positive
[pázətiv]

형 긍정적인, 확신하는 명 positiveness 긍정적인 태도
반 negative 부정적인

positive law 실정법
positive thinking 긍정적인 사고
A positive life is the basis of a happy life
긍정적인 삶은 행복한 삶의 기본입니다

0244

soak
[souk]

동 적시다, 스며들다

soak oneself in 1. ~에 전념하다 2. 몰두하다
soak bread in milk 빵을 우유에 적시다
Soak in ice water for about a minute. 얼음물에 1분 정도 담구세요

0245

bitter
[bítər]

형 쓴 부 bitterly 쓰게, 몹시 명 bitterness 쓴 맛, 괴로움

slightly bitter 약간 쓴, 약간 괴로운
a bitter taste 쓴 맛
One of the reasons why coffee is loved is its bitterness
커피가 사랑받는 이유 중 하나는 쓴맛이다

0246

exist
[igzíst]

동 존재하다 명 existence 존재
어원 ex(바깥으로)+sist(나오게 하다)→나타나다

1. exist 존재하다. 생기가 있다. 살아가다
2. subsist 의지해서 존재하다, 생존하다
I believe that aliens exist 나는 외계인이 존재한다고 믿는다

CROSS WORD QUIZ

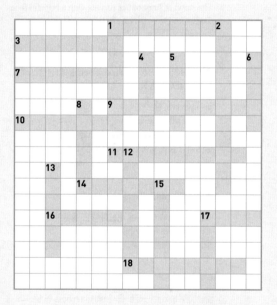

across

1 묘사하다   you say what they are like or what happened.
3 떨리다   you shake slightly because you are frightened or cold
7 후원하다   Providing material assistance to athletes or groups
9 똑바르게하다   you make your back or body straight and upright.
10 목격자   an event such as an accident or crime is a person who saw it.
11 추천하다   they suggest that you would find that person
14 질병   an illness that affects people, animals, or plants
16 돕다   There are many people around me who help me.
17 부딪히다   the action or the dull sound of two heavy objects hitting each other
18 교환하다   This is how we get what we need from each other

down

1 우울하게하다
2 교육적인
4 날카로운
5 나누다
6 거대한
8 의존하다
12 선택할 수 있는
13 비어있는
15 위, 배
17 섞다

likely
[láikli]

형 있음직한 **반** unlikely 있을 것 같지 않은

1. likely 있을 법한, 가능성은 probable보다 약간 덜함.
2. probable 가능성이 높음.
3. possible 있을 수 있는
quite likely 가능성이 꽤 높은
be likely to do ~할 것 같다
The program airs a likely story
그 프로그램은 그럴듯한 이야기를 방송한다

semester
[siméstər]

명 학기 **유** term

the first semester 제1학기
A new semester will start tomorrow 내일부터 새 학기가 시작된다

blame
[bleim]

동 나무라다 **유** accuse

partly blame 일부 …의 탓을 하다
be to blame for ~에 대해 책임이 있다
I blamed the child for his mistake, but it was not easily corrected
나는 아이의 잘못을 탓했지만, 쉽사리 고쳐지지 않았다

destination
[dèstənéiʃən]

명 목적지 **동** destine ~행이다

decide on a destination 목적지를 정하다
reach one's destination 목적지에 도착하다
What's your destination on this trip? 이번 여행의 행선지는 어디입니까?

0251
function
[fʌŋkʃən]

명 기능 **형** functional 기능적인

have a function 기능이 있다
charity functions 자선 행사.
This tree has a purifying function 이 나무는 정화기능이 있습니다

0252
limit
[límit]

명 한계, 제한 **유** boundary

to the limit 충분히, 극단적으로
without limit 한없이
The player has reached the limits of his patience
그 선수는 인내심이 한계에 도달했다

0253
possible
[pάsəbl]

형 가능한 **명** possibility 가능성 **반** impossible 불가능한
어원 poss(능력이 있다)+ible(…할 수 있다)

1. possible 가능한 일
2. practicable (계획 등이) 실행 가능한
3. feasible 실현하기에 용이한 것
a possible disaster 일어날 수 있는 재해
We only talk about possible things in the future
우리는 미래에 있을 수 있는 것에 대해서만 이야기합니다

0254
successful
[səksésfəl]

형 성공적인 **명** success 성공 **유** flourishing

successful in (doing) A A에 성공한
have a successful life 성공적인 삶을 살다
They were excited by the successful results
그들은 성공적인 결과에 흥분했다

worldwide
[wərˈldwaiˈd]

형 세계적인 유 global

bring worldwide attention to ~에 전세계적인 관심을 가져오다
worldwide fame 세계적인 명성
His spectacular successes made his fame worldwide
그의 눈부신 성공은 그를 세계적으로 유명하게 만들었다

communication
[kəmjùːnəkéiʃən]

명 전달, 통신 통 communicate 전달하다, 의사소통하다

be in communication with …과 연락을 취하고 있다
verbal communication 말에 의한 소통
All communication is done in English at this meeting
이 회의에서는 모든 의사소통이 영어로 이루어진다

experience
[ikspíəriəns]

명 경험, 경력 통 경험하다
어원 ex(바깥에서)+peri(시도해 보다)+ence(것)→시도, 지식

gain[get] experience 경험을 쌓다
have experience in ~에 경험이 있다
I knew from experience that she was a kind person
나는 경험으로 그녀가 친절한 사람이라는 것을 알았다

lively
[láivli]

형 활기가 넘치는 명 liveliness 활기

a lively interest 강한 흥미
a lively talk 활기가 넘치는 대화
She was dressed in a lively pink
그녀는 산뜻한 핑크색 드레스를 입고 있었다

senior
[síːnjər]

형 손위의, 선배의 명 연장자 반 junior 손아래의, 후배의

the senior delegate 수석 대표
be senior to ~보다 손위이다
He was in a senior position in a small business
그는 중소기업에서 고위직에 있었다

0260

appointment
[əpɔ́intmənt]

명 (시간) 약속 유 engagement

1. appointment 의사·미용사·면접관 등 사람과의 약속[예약]
2. reservation 비행기·배·열차 등의 교통 기관·호텔·레스토랑·극장 등의 예약

get[receive] an appointment 관직을 얻다
keep one's appointment 약속을 지키다
I took a taxi not to be late for my appointment
약속 시간에 늦지 않으려고 택시를 탔다

0261

dizzy
[dízi]

형 어지러운 명 dizziness 현기증

dizzy height 아찔한 높이
a dizzy situation 어지러운 상황
I'm feeling a little dizzy 살짝 어지러워서 그래요

0262

flag
[flæg]

명 깃발

Union flag 영국 국기, 유니언 잭(Union Jack)
under the flag of ~의 깃발 아래
Soldiers seized the highlands and planted flags
군인들이 고지를 점령하고 깃발을 꽂았다

0263

invention
[invénʃən]

명 발명 통 invent 발명하다 유 creation

of one's own invention 자신이 발명한
make an invention 발명하다
Necessity is the mother of invention
필요는 발명의 어머니이다

0264

row
[rou]

명 줄

in a row 1. 일렬로 2. 잇따라 3. 연속적으로
row crop 줄을 맞추어 심는 작물
In fact, he had lost 58 matches in a row 실제로, 그는 58경기를 연패했다

0265

transfer
[trænsfɔ́:r]

[통] 옮기다, 이동하다, 갈아타다 **[유]** move

be transferred to a new post 새 지위로 전임되다
transfer A to B A를 B로 옮기다
Her enthusiasm was transferred to us 그녀의 열정은 우리에게 전해졌다

0266

cheap
[tʃi:p]

[형] 값싼 **[반]** expensive 비싼

1. cheap은 가격은 싸지만 좋은 품질은 아니다라는 의미
2. cheap대신 not cost much[a lot], be not bad 등을 많이 사용함
3. salary, wages, pay, price 등은 cheap이나 dear를 쓰지 않고 low,
   reasonable, poor, moderate, decent, high 등으로 나타냄
a cheap market 물건 값이 싼 시장
cheap and nasty 값싸고 질 나쁜
Quality is not as good as cheap 싼 만큼 품질은 좋지 않다

0267

expert
[ékspə:rt]

[명] 전문가 **[형]** 전문가의, 숙련된 **[유]** specialist

an expert at doing …의 달인
an expert surgeon 외과 전문 의사
She is an expert at making dumplings quickly
그녀는 만두를 빨리 만드는 데 전문가이다

0268

messenger
[mésəndʒər]

[명] 배달인, 심부름꾼 **[어원]** message(전갈(을))+er((전하는) 사람)

a goodwill messenger 친선 사절
send a letter by a messenger 배달인을 통하여 편시를 보내다
It is more convenient to talk by messenger than by phone
전화보다는 메신저로 대화하는 것이 더 편하다

0269

separate
[sépərèit]

图 분리하다 閔 분리된 어원 se(나누어서)+parate(준비되다)

1. separate 분리하여 따로따로 하다
2. divide 분배할 목적
3. sever 부분을 절단하다
4. part 사람·사물을 분리하는 것

separate an egg 계란의 흰자와 노른자를 나누다
be separated from ~에서 분리되다, ~로부터 독립하다
The mother and children got separated in the crowd
어머니와 애들은 군중 속에서 헤어졌다

0270

translate
[trænsléit]

图 번역하다 閔 translation 번역 🔁 interpret
어원 trans(맞은편으로)+latus(이동된)+ate(…하게 하다)

translate plans into[by] action 계획을 행동으로 옮기다
translate A into B A를 B로 번역하다
He is at the top of the list in French translation
그는 프랑스어 번역에서 최고의 위치에 있다

0271

ability
[əbíləti]

閔 능력 閔 able ~할 수 있는

have the ability to ~할 능력이 있다
financial ability 재무 능력
He has the ability to see through things
그는 사물을 꿰뚫어 보는 능력이 있다

0272

compose
[kəmpóuz]

图 작곡하다, 구성하다 閔 composition 작곡, 구성 🔁 make up
어원 com(함께)+pose(두다)→구성하다, 조립하다

compose a piano concerto 피아노 협주곡을 작곡하다
They compose music and write poetry
그들은 음악을 작곡하고 시를 쓴다

0273

fable
[féibl]

명 우화

Aesop's Fables 〈이솝 우화집〉
a wild fable 황당무계한 이야기
beast fable 동물 우화
Aesop's fables have long been loved
이솝우화는 오랫동안 사랑받는 이야기이다

0274

judge
[dʒʌdʒ]

동 판단하다 **명** 판사
어원 jus(정의)+dge(말하다)→정의를 말하는 사람

judge by ~으로 판단하다
an associate judge 배석 판사
He is a shrewd judge of character 그는 성격 파악이 빠르다

0275

officer
[ɔ́:fisər]

명 장교, 공무원, 관리 **뷔** official

a military officer 육군 장교
a police officer[= an officer of the law] 경찰관
The officer grabbed her by the arm 경찰이 그녀의 팔을 움켜잡았다

0276

sacrifice
[sǽkrəfàis]

명 희생 **동** 희생하다 **어원** sacri(신성한)+fice(…으로 하다)

a spirit of sacrifice 희생 정신
sacrifice to a god 신에게 제물을 바치다
Many people sacrificed for the independence of the country
많은 사람들이 국가의 독립을 위해 희생했다

0277

wage
[weidʒ]

명 임금 **뷔** income

a raise in one's wages 임금 인상
minimum wage 최저 임금, 생활 임금
She earns a high wage 그녀는 높은 임금을 받는다

0278

ashamed
[əʃéimd]

형 부끄럽게 여기는 **반** proud 자랑스러워하는
어원 a(모두)+shamed(부끄러워)

be ashamed of ~을 부끄럽게 여기다
be ashamed of 볼 낯이 없다
She was ashamed of his mistake 그녀는 자신의 실수를 부끄러워했다

0279

childhood
[tʃáildhùd]

명 어린 시절
어원 child(어린이)+hood(상태)

in one's childhood 어릴 적에
from early childhood 아주 어릴 때부터
He had a happy childhood 그는 행복한 어린 시절을 보냈다

0280

envy
[énvi]

동 부러워하다
어원 en(반대)+vy(보다)→비난의 눈으로 보다

through[out of] envy 시기한 나머지
I envy you that you won an award in this movie
나는 네가 이번 영화에서 상을 받은 것이 부럽다

0281

handkerchief
[hǽŋkərtʃif]

명 손수건 **참고** towel 수건
어원 hand(손)+kerchief(머리·목에 두르는 천)

throw a handkerchief over ~의 위에 손수건을 덮다
I gave my father a handkerchief on him birthday
나는 아버지 생신에 손수건을 드렸다

0282

navigate
[nǽvəgèit]

동 항해하다 **명** navigation 항해 **유** steer
어원 navi(배)+gate(운전하다)

navigate without a compass 나침반 없이 항해하다
navigate by the stars 별을 의지하여 항해하다.
The city is easy to navigate 그 도시는 길을 찾기 쉽다

0283

safety
[séifti]

명 안전 형 safe 안전한 부 safely 안전하게 반 risk 위험

traffic[road] safety 교통 안전
social safety net 사회 안전망
We fear for her safety 우리는 그녀의 안전을 염려하고 있다

0284

target
[tá:rgit]

명 목표 어원 targe(방패)+et(작은)

off target 정확하지 않은
target practice 사격 훈련
He fired an arrow at the target
그는 과녁을 향해 화살을 한 발 쏘았다

0285

allowance
[əláuəns]

명 용돈, 수당 윤 pocket money

a monthly allowance 한 달 용돈
family allowance (정부, 고용주가 주는) 가족 수당
monkey's allowance 지독한 처우
I used up my allowance in three days
내 용돈을 사흘만에 다 써버렸어요

0286

chip
[tʃip]

명 칩, 얇은 조각

potato chips 감자칩
chip in 1. 제공하다 2. 기부하다
Potato chips are a popular snack 감자칩은 인기 있는 간식이다

0287

handle
[hǽndl]

명 손잡이 어원 hand(손)+-le(도구)

turn a handle 손잡이를 돌리다
He turned the handle and opened the door.
그는 손잡이를 돌려 문을 열었다

0288

nearby
[nìərbái]

형 가까운 유 neighboring

a nearby station 가까운 역
be nearby 근처에 있다
nearby business 근거리 용무
Is there a restroom nearby? 근처에 화장실이 있나요?

0289

survive
[sərváiv]

동 생존하다 명 survival 생존
어원 라틴어 super-(너머로)+vivere(살다)→오래 살다

survive in the jungle 정글에서 생존하다
survive on bread and cheese 빵과 치즈로 목숨을 부지하다
He knows how to survive 그는 살아남는 법을 잘 알고 있다

0290

accent
[ǽksent]

명 억양, 강조 어원 ac((말)에)+cent((붙인) 가락)

British accent 영국 억양
the tender accents of love 다정한 사랑의 말
She spoke with a Scots accent 그녀는 스코틀랜드 말투로 말을 했다

0291

countryside
[kə'ntrisai̯d]

명 시골 유 country

run through the countryside 시골길로 뻗어 있다
ramble about in the countryside 시골을 산책하다
My mother and I usually go to the countryside on the weekends
어머니와 나는 주로 주말에 시골에 간다

0292

economics
[èkənámiks]

명 경제학 형 economic 경제의

home economics 가정 경제학
the department of economics 경제학과
pre keynesian economics 케인스 이전의 경제학
She studied politics and economics at Yale
그녀는 예일대에서 정치학과 경제학을 공부했다

0293

knowledge
[nάlidʒ]

몡 지식 통 know 알다 빤 ignorance 무지

a thirst for knowledge 지식욕
of common knowledge 상식의
He sent the letter without my knowledge
그는 내가 모르게 편지를 보냈다

0294

parachute
[pǽrəʃùːt]

몡 낙하산 통 낙하산으로 떨어뜨리다
어원 라틴어 parare(준비하다)+cadere(떨어지다)

release a parachute 낙하산을 펴다
to do a parachute jump 낙하산을 타고 뛰어내리기를 하다
Have you ever worn a parachute? 낙하산을 사용해본 적이 있나요?

0295

spell
[spel]

몡 주문, 마력 통 철자를 말하다 윤 charm

cast a spell on ~에게 마법을 걸다
sunny spell 한동안 화창한 날씨
spell backward 글자를 거꾸로 철자하다
How do you spell the word? 그 단어는 철자를 어떻게 씁니까?

0296

brief
[briːf]

혱 짧은, 간결한 윤 short

a brief visit 짧은 방문
be brief and to the point 간결하고 요점이 있다
He performed a brief mime 그가 간단히 무언극을 해 보였다

0297

direction
[dirékʃən]

몡 방향 기본 direction 복수 directions

in all directions 사방팔방으로
wrong direction 잘못된 방향, 엉뚱한 방향
He pointed in my direction 그가 내가 있는 쪽을 가리켰다

CROSS WORD QUIZ

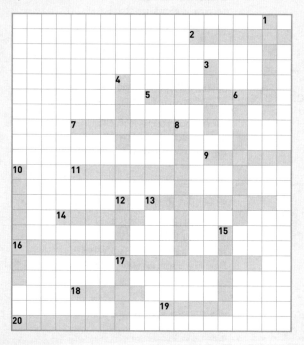

across		down	
2 작곡하다, 구성하다		1 부끄러운, 창피한	Feelings or feelings of shame
5 세계적인		3 판사	a person who punishes a criminal
7 항해하다, 길을찾다		4 한계점, 한도	degree of something that is possible
9 연장자, 손위사람		6 발명, 발명품	Edison is famous for this
11 가능한		8 경험, 경력	Knowledge or skills for a particular profession or activity are born of this abundance
13 어린시절, 아동기			
14 전문가, 숙련된		10 옮기다, 이동하다	moving things or people from one place to another
16 기능, 행사, 의식		12 번역, 통역	This is to switch to another language.
17 성공한, 성공적인		15 안전, 안전함	It can protect you from danger
18 값이 싼			
19 어지러운, 아찔한			
20 분리된, 독립된			

0298

gather
[gǽðər]

동 모으다 **반** scatter 흩뿌리다

※ 취미로「수집하다」는 collect
gather in crops 농작물을 수확하다
gather flowers 꽃을 따다
She started to gather her things at a snail's pace
그녀는 느릿느릿 짐을 챙기기 시작했다

0299

label
[léibəl]

명 상표, 라벨 **동** 상표를 붙이다

a designer label 디자이너 상표
pin a label on a person 남에게 칭호를 붙이다
He tied a label onto the suitcase 그는 여행 가방에 이름표를 달았다

0300

parade
[pəréid]

명 행렬, 퍼레이드 **유** march
어원 par(보이다, 보다)+-ade(동작)

march in a parade 행렬로 행진하다
the Easter parade 부활절의 퍼레이드
She also missed an important parade
그녀는 중요한 퍼레이드에도 불참했다

0301

access
[ǽkses]

명 접근 **형** accessible 접근할 수 있는 **어원** ac(…에)+cess(나아가다)

excess : ex(밖으로)+cess(나아가다)→나가기(지나침, 과도)
have access to ~에 접근하다
Teacher must have access to good resources
선생님은 좋은 자료들을 접할 수 있어야 한다

0302

claim
[kleim]

동 요구하다, 주장하다 **유** demand

claim back 되찾다
claim equality 평등을 요구하다
She's not entitled to claim unemployment benefit
그녀는 실업 수당을 신청할 자격이 안 된다

edge
[edʒ]

명 가장자리 유 border

edge 두 면이 만나는 날카로운 말단 선
border 면의 한계를 이루는 선
on edge 초조하여
a biting edge of cynicism 신랄한 풍자
She stood on the edge of the cliff 그녀는 벼랑 끝에 서 있었다

imitate
[ímətèit]

동 흉내 내다, 모방하다 명 imitation 모방 유 copy

imitate one's betters 윗사람의 흉내를 내다
Parrots can imitate a human voice
앵무새는 인간의 목소리를 흉내 낼 수 있다

oxygen
[άksidʒen]

명 산소
어원 oxy(신(맛이 있는))+gen(…을 발생시키는 것)

an oxygen mask 산소 마스크
The ambulance is always equipped with an oxygen mask
구급차에는 항상 산소 마스크가 장착되어 있습니다

spin
[spin]

동 회전시키다 유 whirl

spin the wheel 운전대를 돌리다
spin doctor 미디어 담당 조언자
He puts a lot of spin on the ball 그는 공에 스핀을 많이 넣는다

accident
[æksidənt]

명 사고 형 accidental 우연한
어원 ac(…에)+cident(재난이 덮치다)

a car accident 교통사고
serious accident 심각한 사고
The accident really shook him up 그 사고는 그에게 정말 충격적이었다

confuse
[kənfjúːz]

통 혼란스럽게 하다 명 confusion 혼란 유 disorder
어원 con(함께)+fuse(흘러 들어가다)→혼동하다

confuse one's ideas 생각을 혼란스럽게 하다
confuse the issue 논점을 혼란하게 하다
I sometimes confuse twin brothers 나는 가끔 쌍둥이 형제를 혼동한다

especially
[ispéʃəli, es-]

부 특히 유 specially

especially for 특히 ~을 위해서
be made especially for ~를 위해 특별히 제작되다
I love London, especially in the spring
나는 런던이 정말 좋다, 특히 봄에

lack
[læk]

명 부족

a lack of skill at ~에 대한 기술 부족
lack musical talent 음악적 재능이 부족하다
He suffers from a lack of confidence 그는 자신감 부족에 시달린다

scare
[skɛər]

통 놀라게[겁먹게] 하다 형 scared 겁에 질린 유 frighten

scare birds away 새를 쫓아버리다
The dog scared off the prowler 개가 좀도둑을 짖어서 쫓아버렸다
She doesn't scare easily 그녀는 쉽게 겁을 먹지 않는다

arrival
[əráivəl]

명 도착 통 arrive 도착하다 반 departure 출발

on (one's) arrival 도착하자마자 어떤 일이 일어났을 때 사용
new arrival 새로 도착한 사람/물건
scheduled time of aircraft arrival 공시된 시간표상의 항공기 도착
예정시각
His arrival caused a flurry of excitement
그의 도착으로 한차례 소동이 일었다

0313
discount
[dískaunt]

图 할인 图 할인하다 图 discountable 할인 가능한 图 bargain
[어원] dis(반대)+count(계산하다)→계산을 할인하다

at a discount 할인하여
a twenty percent discount 20% 할인
The theatre gives a 20% discount to parties of more than ten
극장에서 10명이 넘는 단체에 대해서는 20%를 할인해 준다

0314
ironical
[airánik]

图 반어적인, 역설적인 图 ironically 반어적으로, 역설적으로

an ironical situation 역설적인 상황
What she says sound ironical
그녀가 하는 말은 빈정대는 말처럼 들린다

0315
posture
[pástʃər]

图 자세 图 attitude

correct one's posture 자세를 교정하다
in a reclining posture 옆으로 기댄 자세로
You should care about your posture 올바른 자세를 유지하세요

0316
timetable
[tai'mtei̯bəl]

图 시간표 图 schedule

on a timetable 시간표대로
Everything is on a timetable 모든 것이 예정표에 올라 있다

0317
civil
[sívəl]

图 시민의 图 civilize 문명화하다 图 civic

a civil society 시민 사회
civil affairs 국사, 국내 문제
A civil movement is an act for the weak
시민운동은 약자를 위한 행동이다

enthusiastic
[inθùːziǽstik]

형 열렬한 **부** enthusiastically 열렬히 **유** eager

an enthusiastic welcome 열렬한 환영
With the enthusiastic support of the audience, we were able to win
관객들의 열렬한 성원으로 우리는 승리할 수 있었다

magnitude
[mǽgnətjùːd]

명 크기, 진도
어원 magni(큰)+tide(것)

a magnitude 3 earthquake 진도 3의 지진
The magnitude was 5 on the Richter scale
리히터 눈금으로 진도 5였다

solar
[sóulər]

형 태양의 **명** sun 태양

solar calendar 1. 태양력 2. 양력
solar spots 태양의 흑점
Solar power is a valuable natural resource
태양 에너지는 귀중한 천연 자원이다

affection
[əfékʃən]

명 애정 **유** fondness

a feeling of affection 애정, 사랑의 감정
have affection 애정을 가지고 있다
Foreign and local fans shouted her name and expressed their
affection 국내 및 해외 팬들은 그녀의 이름을 외치며 그녀에 대한 애정
을 보여주었다

conquest
[kánkwest]

명 정복 **동** conquer 정복하다 **유** mastery

the Norman Conquest 노르만 정복
a desire of conquest 정복욕
make a conquest of ~을 꾀어 차지하다
Some day we may complete the conquest of disease
언젠가는 질병을 정복할 날이 올 것이다

0323

equality
[ikwάləti]

[명] 동등, 평등 [형] equal 동등한, 평등한 [반] inequality 불평등

equality of opportunity 기회의 평등
equality of tax burden principle 조세평등의 원칙
Everyone has the right to be equal 모든 사람은 평등할 권리가 있다

0324

isolate
[áisəlèit]

[동] 고립시키다, 격리시키다 [명] isolation 고립 [유] separate

be isolated from ~로부터 고립되다
isolate oneself from all social contact 모든 사회적 접촉을 끊다
She decided to isolate himself from all society
그녀는 자신을 모든 사회로부터 격리시키기로 결심했다

0325

proverb
[právə:rb]

[명] 속담, 격언 [형] proverbial 속담의, 잘 알려진 [유] saying, maxim

the proverbs of Solomon 솔로몬의 잠언
as the proverb goes 속담에 있듯이
My mother liked to read a proverb
어머니는 격언 읽는 것을 좋아하셨다

0326

wasteful
[wéistfəl]

[형] 낭비의 [명] wastefulness 낭비

a wasteful use 낭비
You're going to tell me it's wasteful
당신은 그것이 낭비라고 말할 것입니다

0327

classic
[klǽsik]

[형] 고대의, 고전의 [유] classical [반] modern 현대의

classic myths (그리스 로마 신화와 같은) 고대 신화
a classic case 전형적인 사례
Classical and contemporary dance performed jointly
고전 무용과 현대 무용이 합동으로 공연되었다

equipment
[ikwípmənt]

명 장비, 설비 통 equip 장비를 갖추다 유 apparatus

modern equipment 현대식 장비
with elaborate equipment 세심하게 준비하여
I wanted to have audio equipment in the house
집에 오디오 장비를 갖고 싶었습니다

informative
[infɔ́:rmətiv]

형 유익한, 정보의 명 information 정보 유 instructive

an informative lecture 유익한 강의
There is a lot of informative information in the book
그 책에는 많은 유익한 정보가 있다

replacement
[ripléismənt]

명 교체, 교환 통 replace 교체하다 유 substitution

replacement of damaged parts 손상된 부품의 교체
The headlights of her car were replaced
그녀는 차의 전조등을 교체하였다

storage
[stɔ́:ridʒ]

명 저장소 통 store 저장하다

a storage tank 저장 탱크
storage device 기억 장치
I've moved all the files to an external storage
모든 파일을 외부 저장소로 옮겼습니다

asleep
[əslí:p]

형 잠들어 반 awake 깨어 있는

while asleep 잠들어 있는 동안
fall asleep at the switch 방심하다, 의무를 태만히 하다
She fell asleep, in spite of herself 그녀는 자기도 모르게 잠이 들었다

0333

crosswalk
[kraˈswaɪk]

명 횡단보도

at the crosswalk 횡단보도에서
When walking across the crosswalk, raise your hand
횡단보도를 건널 때는 손을 든다

0334

extreme
[ikstríːm]

형 극도의, 극심한, 과격한 부 extremely 극단적으로 유 ultimate

an extreme case 극단의 경우
be in extremes 대단한 곤경에 빠져 있다
In the case of extremes, I can leave this place
극단적인 경우에는 이곳을 떠날 수 있습니다

0335

moderation
[màdəréiʃən]

명 알맞음, 중용 형 moderate 알맞은

in moderation 적당히
moderation in eating and drinking 과음 과식을 하지 않기
Drink and eat in moderation 적당히 마시고 먹습니다

0336

scold
[skould]

동 꾸짖다

scold A for B A를 B 때문에 꾸짖다
She was scolded for her tardiness
그녀는 늑장을 부리다가 야단맞았다

0337

tolerate
[tálərèit]

동 너그럽게 봐주다, 참다 명 tolerance 관대, 참을성

tolerate / put up with→좋아진 않지만 불평 없이 참다.
Smoking will not be tolerated in this room 이 방에서는 금연입니다

belong
[bilɔ́ːŋ]

통 속하다 명 belongings 소유물 유 be part of

belong to ~에 속하다
That dictionary belongs to me 그 사전은 내 것이다

eruption
[irʌpʃən]

명 폭발, 분출 통 erupt 분출하다 유 explosion

1. eruption(폭발) 밖으로 터지는 것
2. irruption(침입) 안으로 터지는 것
a volcanic eruption 화산 폭발
burst into eruption 갑자기 폭발하다
Volcanic eruptions occur suddenly 화산 폭발은 갑자기 일어난다

psychology
[saikálədʒi]

명 심리학, 심리 형 psychological 심리학의, 심리적인
어원 psycho(정신)+logy(학문)

child psychology 아동심리학
mob psychology 군중심리
She received a doctorate in psychology from Seoul National University 그녀는 서울대학교에서 심리학 박사학위를 받았다

disposable
[dispóuzəbl]

형 일회용의 명 일회용 물품 명 disposability 일회성

a disposable spoon 일회용 숟가락
Paper napkins are disposable 종이 냅킨은 1회용이다

manual
[mǽnjuəl]

명 안내문, 소책자 유 handbook
어원 manu(손)+al(…에 관한)

a computer manual 컴퓨터 사용 설명서
manual transmission 수동 변속기
All electronic products are enclosed with a manual
모든 전자 제품에는 설명서가 동봉되어 있습니다

0343

scrape
[skreip]

통 문지르다

scrape one's shoes 구두를 문지르다, 털다
Scrape away the old paint 낡은 페인트를 긁어내다

0344

benefit
[bénəfit]

명 이익 형 beneficial 유익한 유 profit
어원 bene(좋게)+fit(행해진(일))

be of benefit to ~에 이롭다
They were married without the benefit of their parents
그들은 부모의 도움없이 결혼했습니다

0345

fantasy
[fǽntəsi]

명 환상 유 fancy

fantasy and reality 환상과 현실
live in a world of fantasy 공상의 세계에 살다
They fled into a fantasy world 그들은 환상의 세계로 도피했다

0346

pause
[pɔːz]

동 중단하다, 잠시 멈추다 명 일시중지, 중단 유 stop
반 continue 계속하다

pause to+동사 잠시 중단하고 ~하다
I interjected a comment at a pause in his speech
나는 그의 연설이 잠시 멈추었을 때 한마디 끼어들었다

0347

unexpected
[əˌnikspeˈktid]

형 예기치 않은 명 unexpectedness 갑작스러움 유 sudden

an unexpected visitor 불시의 방문객
Their divorce was quite unexpected
그들의 이혼은 전혀 예상 밖이었다

0348

attend
[əténd]

동 출석하다 명 attendance 출석 반 be absent 결석하다
어원 at(…으로)+tend(뻗다)→마음을 쏟다, 주의하다

attend school 등교하다
He was unable to attend because of the pressure of work
그는 업무 스트레스 때문에 참석하지 못했다

0349

formal
[fɔ́:rməl]

형 격식을 차리는, 공식적인 반 informal 격식 차리지 않는, 비공식적인

formal words 공식적인 말
She has no formal teaching qualifications
그녀는 정규 교사 자격을 갖고 있지 않다

0350

multiple
[mʌ́ltəpl]

형 다수의 동 multiply 늘리다
어원 multi(많은)+ple(겹치다)

a multiple-choice (question) 객관식 문제
The boy had multiple personality disorder
그 소년은 다중인격장애를 가지고 있었다

0351

represent
[rèprizént]

동 나타내다, 상징하다 명 representation 대표 유 symbolize

represent a view 의견을 나타내다
I think I will be proud to represent my country
나는 우리 나라를 대표하면 자랑스러울 것 같다

0352

weapon
[wépən]

명 무기 명 weaponry 무기류 유 arms

a nuclear weapon 핵무기
weapon of mass destruction 대량파괴무기, 대량 살상 무기
America's nuclear and biochemical weapons capacity is the best in
the world 미국은 핵무기는 물론 생화학 무기 분야에서도 세계 최고
수준을 자랑한다

CROSS WORD QUIZ

across

1 부족, 결핍
3 설명서
5 속담
7 태양의
8 속하다, 소속감
9 횡단보도
10 회전하다
13 고전적인
14 보관, 저장
16 긁다
18 혼란, 당황하게하다
19 적당함, 절제
21 정중한, 격식을 차린
22 정복, 점령지

down

2 시민의, 민간의 — member of the national society
4 유익한 — gives you useful information.
6 잠이든, 자고있는 — sleeping state
11 할인, 할인하다 — a reduction in the usual price of something
12 심리, 심리학 — the scientific study of the human mind and the reasons for people's behavior.
17 사고(자동차) — happen when a venhicle hits a person, and object
20 격리, 고립 — separates you from others

careful
[kéərfəl]

형 조심성 있는 명 care 조심, 걱정 반 careless 부주의한

be careful 조심하다
Be careful not to make the same mistake
같은 실수를 되풀이하지 않도록 주의하라

disagree
[dìsəgríː]

동 의견이 다르다 명 disagreement 불일치
어원 dis(반대)+agree(동의하다)

He disagreed with me on every topic
그는 모든 문제에 대해서 나와 의견이 맞지 않았다

match
[mætʃ]

동 어울리다, 걸맞다 유 fit

match up 잘 조화되다
ill-matched 1. 어울리지 않는 2. 불균형의(ill-sorted)
At the end of extra time, the match was tied at 1-1
연장전이 끝날 무렵에도 이 시합은 1-1 동점이었다

request
[rikwést]

명 요구 동 청하다 유 demand
어원 re(다시)+quest(구하다)

on request 요구에 따라
My friend made me a polite request
친구가 정중하게 나에게 부탁을 했다

term
[təːrm]

명 학기 유 semester

short-term 1. (한정적) 비교적 단기간의 2. 단기 만기의(보통 1년 이하)
a mid-term exam 중간고사
It was a marvelous achievement in terms of technology,
but commercially, it was a failure
그것은 기술적인 면에서는 놀라운 성과였지만 상업적으로는 실패였다

0358

carelessly
[kéərlisli]

및 부주의하게, 경솔하게 형 careless 부주의한 반 carefully 주의 깊게

behave carelessly 경솔하게 행동하다
do one's work carelessly 일을 소홀히 하다
She answered my question carelessly
그녀는 내 질문에 무성의하게 대답했다

0359

disappear
[dìsəpíər]

동 사라지다 형 disappearance 사라짐 반 appear 나타나다
어원 dis(반대)+appear(보러오다)

disappear in the crowd 군중 속으로 사라지다
Most flowers disappear during the winter
대부분의 꽃은 겨울 동안 모습을 보이지 않는다

0360

genetic
[dʒənétik, -ikəl]

형 유전적인 부 genetically 유전적으로

genetic engineering 유전자 공학
He was born with a genetically artistic sense
그는 유전적으로 예술적 감각을 타고났다

0361

realistic
[rìːəlístik]

형 현실적인 부 realistically 현실적으로 반 ideal 이상적인
어원 real(현실(의))+ist(주의자)+ic(…의)

a realistic goal 현실적인 목표
A program was created to broadcast realistic images
사실적인 이미지를 방송하기 위한 프로그램이 만들어졌다

0362

automatic
[ɔ́ːtəmǽtik]

형 자동의 명 자동 동 automatize 자동화하다 반 manual 수동의

an automatic dishwasher 자동 식기 세척기
The machine runs everything automatically
그 기계는 모든 것을 자동으로 작동한다

---

definite
[défənit]

형 명확한 통 define 정의를 내리다 유 specific

definite 명확한, 뜻이 분명한, definitive 최종적인, 결정적인
a definite answer 확답
It is definite that I'll go to the U.S.A
내가 미국으로 가는 것은 확정적이다

---

layer
[léiər]

명 층, 겹

the top layer of the middle-class 최상위 중산층
the ozone layer 오존층
When the ozone layer is destroyed, many things become dangerous
오존층이 파괴되면, 많은 것들이 위험해진다

---

research
[risə́ːrtʃ, ríːsəːrtʃ]

명 연구, 탐구, 조사 유 study 어원 re(반복)+search(찾아서 구하다)

market research 시장 조사
space research 우주 탐구
Many companies run research centers to make products that
consumers want
소비자가 원하는 제품을 만들기 위해 연구소를 운영하는 기업이 많다

---

unfortunately
[ənfɔ́ːrtʃənətli]

부 불행히도 형 unfortunate 불행한 반 fortunately 운 좋게도

fortunate 운 좋은, 다행인, 행운의, 행복한
Unfortunately, she did not make it
불행하게도, 그녀는 성공하지 못했습니다

---

brotherhood
[brʌðərhùd]

명 형제관계, 형제애, 친선 단체
어원 brother(형제)+hood(상태, 집단)

an international brotherhood 국제 친선 단체
They had a different brotherhood 그들은 형제애가 남달랐다

0368

critic
[krítik]

명 평론가, 비평가 **형** critical 비평의, 비판적인

critical 비판[평론]의
critique (문학·미술 작품 등의) 비평, 평론
review (신간 서적·연극 등의) 평론
a music critic 음악 평론가
The film was loved by critics but not by audiences
그 영화는 비평가들에게 사랑을 받았지만 관객들에게는 사랑받지 못했다

0369

electric
[iléktrik]

형 전기의 **명** electricity 전기

an electric shock 전기 충격
I heard the electric guitar too loud late in the evening
늦은 저녁 전기 기타소리가 크게 들렸다

0370

lazy
[léizi]

형 게으른 **명** laziness 게으름 **유** idle

a lazy day 빈둥거리며 보내는 하루
become lazy 게을러지다
If you're lazy, you're more likely to be obese
만약 여러분이 게으르면, 여러분은 비만이 될 가능성이 더 높습니다

0371

realize
[ríːəlàiz]

동 깨닫다 **명** realization 깨달음

1. realize 확실히 이해하는 것
2. know 확실하게 파악하는 것
realize the reality 현실을 깨닫다
realize one's errors 자기의 실패를 깨닫다
Our worst fears were realized 우리가 가장 우려하는 일이 일어났다

0372

anniversary
[ænəvə́ːrsəri]

명 기념일
어원 라틴어 annus(년(年))+versus(방향을 돌린)→매년 돌아오는

a wedding anniversary 결혼 기념일
Tomorrow is the first anniversary of the founding of our company
내일은 회사의 창립 1주년 기념일입니다

delay
[diléi]

图 미루다 图 연기 묘 postpone
어원 de(떨어져서)+lay(가다)

1. delay 일정 시간까지 지연되는 것
2. retard 더디게 하는 것
3. slow 속도를 줄이는 것
4. slacken 활동의 정도를 낮추거나 잦아지는 것
5. detain 예정시간이 넘도록 붙잡아 두는 것

delay the departure 출발을 미루다
Engine trouble delayed our flight
엔진 고장으로 우리가 탈 비행편이 늦어졌다

meadow
[médou]

图 초원, 목초지 图 meadowy 목초지의 묘 pasture

an open meadow 널따란 초원
In the vast meadow, cows and sheep are grazing
넓은 초원에서 소와 양이 풀을 뜯고 있다

thread
[θred]

图 실 묘 strand

the threads of a cobweb 거미집 줄
a needle and thread 실 꿴 바늘
Threads gathered and became ropes 실이 모여 밧줄이 되었다

behave
[bihéiv]

图 행동하다 图 behavior 행동 묘 act
어원 be(어떤 곳에)+have((자기 자신을) 두다)

behave well 예절 바르게 행동하다
I wanted the soldiers to act bravely
나는 군인들이 용감하게 행동하기를 원했다

0377

exact
[igzǽkt]

형 정확한 명 exactness 정확 유 accurate
어원 ex(바깥으로)+act(몰아내다)→완성한

to be exact 엄밀히 말하자면
Will you tell me his exact words?
그가 한 말을 정확하게 내게 말해 주세요?

0378

ghost
[goust]

명 유령 형 ghostly 유령의 유 spirit

ghost work 해고당한 사람 대신 떠맡게 된 일
as pale as a ghost 매우 창백한
People who claim to have seen ghosts formed a meeting
유령을 봤다고 주장하는 사람들이 모임을 만들었다

0379

unnecessary
[ənNeˈsəseˌri]

형 불필요한 부 unnecessarily 불필요하게 유 needless

tautology와 superfluous은 과해서 불필요한 것.
unnecessary 과잉과 상관없이 불필요한 것
unnecessary information 불필요한 정보
It is a way to avoid unnecessary debate and waste of budget
불필요한 논쟁과 예산 낭비를 피하기 위한 방법이다

0380

advertise
[ǽdvərtàiz]

동 광고하다 명 advertisement 광고(=ad)

advertise a house 집을 팔려고 광고하다
I advertised in many places to sell things
나는 물건을 팔기 위해 여러 곳에 광고를 냈다

0381

cruel
[krúːəl]

형 잔혹한 명 cruelty 잔혹, 잔인함

1. cruel 고통을 주는
2. brutal 잔인한
3. inhuman 냉혹한, 비인간적
4. pitiless 인정사정 없는
be cruel to ~에게 잔인하게 대하다
There are many cruel scenes in online games
온라인 게임에 잔혹한 장면이 많다

examination
[igzæmənéiʃən]

圐 조사, 검사, 시험 图 examine 조사하다 🔄 checkup

1. examination 조사하는 행위.
2. inquiry 질문으로 조사하기
3. inspection 정식, 공식인 것임을 시사함
under examination 조사 중
On closer examination, it was found to be true
자세히 조사해보니 그것이 사실인 것으로 밝혀졌다

consideration
[kənsìdəréiʃən]

圐 고려 图 consider 고려하다 🔄 thought

after due consideration 충분히 고려한 뒤에
have no consideration for ~을 고려하지 않다
The decision must be made after due consideration of the
construction of the playground
운동장 건설은 충분히 고려한 후에 결정을 내려야 한다

ethnic
[éθnik]

圀 민족의, 인종의

ethnic minority 소수파 민족, 소수 민족
an ethnic religion 민족 종교
We have similar ethnic and religious backgrounds
우리는 비슷한 민족적, 종교적 배경을 가지고 있다

insert
[insə́:rt]

图 삽입하다 圐 insertion 삽입
어원 in(안에서)+sert(연결시키다)

insert a clause in a contract 계약에 한 조항을 추가하다
insert a key in a lock 자물쇠에 열쇠를 끼워 넣다
insert a want ad in the paper 신문에 구인 광고를 싣다
I inserted a number of specific points into the contract
나는 계약서에 몇 가지 구체적인 사항을 추가했다

0386

pursue
[pərsúː]

동 추구하다, 쫓다, 추격하다 명 pursuit 추구
어원 pro(앞에)+sue(계속 하다)

pursue happiness 행복을 추구하다
The hunters pursued the deer 사냥꾼들은 사슴을 뒤쫓았다

0387

assume
[əsúːm]

동 가정하다, 추정하다 명 assumption 추정, 가정 유 presume
어원 as(…에)+sume((어떤 태도를) 취하다)→가장하다.

assuming that+절 ~라고 가정하면
Let's assume she wins the game. 그녀가 그 게임에 이긴다고 치자
assume은 그렇게 여기거나 가정하는 것,
presume은 확신을 나타낼 때 사용.
Assuming I won the lottery, I bought a car. Seem foolish
로또에 당첨될 것이라 가정하고 나는 차를 샀다. 바보 같은 짓이다

0388

desirable
[dizáiərəbl]

형 바람직한 동 desire 갈망하다 유 advantageous

desirable(바람직한) 사람·물건에 쓰일 수 있음
desirous(바라는, 원하는) 사람에 관하여 쓰임
a desirable result 바람직한 결과
It is desirable to read a lot as a child
어렸을 때 책을 많이 읽는 것이 바람직하다

0389

fuse
[fjuːz]

동 융합하다, 결합하다 명 fusion 융합 유 blend

short fuse 성질이 급함
fuse into ~로 결합하다
There are more people who eat fusion food these days
요즘에는 퓨전 음식을 먹는 사람들이 더 많아졌어요

0390
kindergarten
[kíndərgàːrtn]

명 유치원 **유** preschool
어원 독일어 Kinder(어린이)+Garten(정원)

영국에서는 사립 유아원을 kindergarten이라 부름
I hope there will be many kindergartens that parents can trust and leave.
학부모들이 믿고 맡길 수 있는 유치원이 많이 생겼으면 좋겠다

0391
sensitive
[sénsətiv]

형 예민한, 민감한 **명** sense 감각

light-sensitive 빛에 민감한
a sensitive person 민감한 사람
It will be 20 million times more sensitive than the human eye
그것은 인간의 눈보다 2천만 배 더 민감할 것이다

0392
bind
[baind]

동 묶다 **명** binding 묶기 **유** tie **반** untie 풀다

bind a captive hand and foot 포로의 손발을 묶다
bind a package 꾸러미를 묶다
An opinion of the human rights panel is not legally binding.
인권위의 의견은 법적인 구속력이 없다

0393
desperate
[déspərət]

형 필사적인, 절망적인 **부** desperately 절망적으로, 필사적으로

a desperate effort 필사적인 노력
desperate for A A를 필사적으로 원하는
I was really desperate at this point
나는 이 시점에서 정말 필사적이었다

0394
insistent
[insístənt]

형 고집하는, 주장하는

insistent on ~에 대해 고집하는
insist 주장하다, 고집하다, 요구하다, 강요하다
insistence 강력한 주장, 단언, 강조
You are being too insistent 고집이 너무 세군요

0395

period
[píːəriəd]

명 시기 형 periodical 정기간행물의
어원 그리스어 peri (주변에)+hodos(길)

a transition period 과도기
The corn had to be dried for a period of time
옥수수는 일정 기간 말려야만 한다

0396

translation
[trænsléiʃən, trænz-]

명 번역 통 translate 번역하다

1. translation 다른 언어로 말하기.
2. paraphrase 어떤 문장을 같은 언어로 쉽게 바꾸어 표현하기
3. version 성서의 번역
make a translation into ~로 번역하다
This article has been translated and published in many countries
이 글은 많은 나라에서 번역 출판되었다

0397

combine
[kəmbáin]

통 결합시키다 명 combination 결합
어원 com(함께)+bine(2가지를 동시에 하다)
유 amalgamate 반 separate 분리하다

combine forces 협력하다
There are many programs that combine music and entertainment
음악과 오락을 결합한 많은 프로그램들이 있다

0398

examine
[igzǽmin]

통 검사하다, 시험하다 명 examination 조사, 시험 유 inspect

examine the records 기록을 조사하다
examine oneself 반성하다
The examination has begun to see if he can get a promotion
그가 승진할 수 있을지를 시험하기 시작했다

opinion
[əpínjən]

명 의견 유 view

public opinion 여론
give one's opinion 자신의 의견을 말하다
I'd like to share our opinions 각자의 의견을 이야기했으면 좋겠습니다

stubborn
[stʌbərn]

형 고집 센, 불굴의 부 stubbornly 완강하게 유 headstrong

1. stubborn, obstinate 완고히 저항하는.
2. dogged 굽힐 줄 모르고 물고 늘어지는
3. persistent 단념하지 않는
a stubborn resistance 불굴의 저항
He is so stubborn 그는 앞뒤가 꽉 막혔다

CROSS WORD
QUIZ

across		
3	민족의	Living together for a long time in a certain area, sharing the same language and culture
6	자동, 자동화	Machines move on their own without people
9	인류애, 형제애	the affection and loyalty that you feel for people
12	바람직한, 호감가는	It's trustworthy and likable.
14	추구하다	seek after until one achieves one's goal
17	전기의	device or machine works by means of electricity
18	미루다	You don't do it immediately and push back
19	경기 시합	an organized game of football, tennis, cricket, or some other sport

down

1 기념일
2 행동하다
4 무기
5 평론가
7 부주의하게
8 유령
10 사라지다
11 조심성있는
12 의견이 다르다
13 깨닫다
15 유전적인
16 게으른

02

시험 지문에
자주 나오는 단어
300

0401
atom
[ǽtəm]

명 원자, 극소량 **형** atomic 원자의
어원 a(⋯하지 않는)+tom(나누다)→더 이상 분할할 수 없는 것

smash to atoms 산산이 부서뜨리다
break A into atoms A를 산산이 부수다
In solids, atoms are stuck together, they can't move
고체의 경우 원자가 서로 딱 달라붙어서 움직이지 않습니다

0402
district
[dístrikt]

명 지역
어원 dis(각자의 방향으로)+stingere(끌어당기다)→선이 끌리다→구획
된(지역)

a densely populated district 인구 밀집 지구
a shopping district 쇼핑 지역
Gangnam is a famous shopping area located in Seoul
강남은 서울에 위치한 유명한 쇼핑 지역이다

0403
gap
[gæp]

명 차이, 틈 **유** difference

gap-fill 1. 결손을 보충함 2. 구멍을 메움
a generation gap 세대 차이
There are rich and poor and the gap is increasing
빈부의 격차는 점점 심해지고 있다

0404
pessimistic
[pèsəmístik]

형 비관적인 **부** pessimistically 비관적으로 **반** optimistic 낙관적인

a pessimistic person 비관적인 사람
I have a pessimistic view of politics
나는 정치에 대해서 비관적인 견해를 가지고 있다

0405

responsibility
[rispὰnsəbíləti]

명 책임 형 responsible 책임이 있는 유 duty

avoid[dodge] responsibility 책임을 회피하다
take responsibility for ~을 책임지다
The responsibilities of his job weigh heavily on him
일에 대한 책임이 그를 무겁게 압박하고 있다

0406

accustom
[əkʌstəm]

동 익숙하게 하다 형 accustomed 익숙한 유 adapt
어원 ac(…을 향하여)+custom(습관)

be accustomed to ~에 익숙하다
Western Europeans are accustomed to heatwaves.
서유럽인들은 폭염에 익숙하다

0407

comment
[kάment]

동 논평하다 명 논평 유 criticize 비판하다
어원 com(함께)+ment(마음(에 걱정되는 것))

comment on ~에 대해 논평하다
Who made the comment? 누가 무슨 말을 했는데?

0408

detail
[ditéil]

명 세부 사항 동 상세히 알리다
어원 de(완전히)+tail(자르다)→잘게 자르다

go into detail(s) about … …에 대하여 상세히 설명하다
in detail 자세하게
We'll be able to study other planets in exquisite detail
우리는 다른 행성들을 아주 자세하게 연구할 수 있을 것이다

0409

gauze
[gɔːz]

명 얇은 천, 거즈 형 gauzy 얇은

sterilized gauze 소독 가제.
a gauze dressing 거즈 붕대
I need more gauze 거즈가 더 필요해요

0410

murder
[mə́:rdər]

명 살인 명 murderer 살인자 유 killing

1. murder 계획적인 살인.
2. manslaughter 과실이나 일시적인 격정에 의한 살인.
3. homicide 「살인」을 가리키는 일반적인 말
deny the murder 살인 혐의를 부인하다
This heat is murder 사람을 잡을 듯한 더위다

0411

shelter
[ʃéltər]

명 피난처 통 보호하다 유 refuge

seek (a) shelter from the rain[the wind] 비[바람]를 피할 곳을 찾다.
clothing, food, and shelter 의식주
There's an emergency shelter in the basement of the house
집 지하에 비상 대피소가 있어요

0412

willing
[wíliŋ]

형 기꺼이 ~하는 부 willingly 자진해서 반 unwilling, reluctant
어원 will(희망하다)+ing(…하고 있다)

no longer willing 더 이상 하고 싶지 않은
be willing to+동사 기꺼이 ~하다
There were many willing helpers 기꺼이 도움을 주는 사람들이 많았다

0413

bleach
[bli:tʃ]

통 표백하다 명 표백제 유 whiten

hair bleached by sun 햇빛에 탈색된 머리
Bleach should be used with care 표백제는 조심해서 사용해야 한다

0414

damage
[dǽmidʒ]

명 피해 통 피해를 입히다 명 damager 피해를 주는 사람 유 harm

environmental damage 환경 파괴
critical damage 치명적인 피해
The storm did extensive damage to the district
폭풍우로 그 지역이 큰 피해를 입었다

0415

instinct
[ínstiŋkt]

명 본능 **형** instinctive 본능적인

unerring instinct 틀림없는 직감
a homing instinct 귀소본능
Salmon has an excellent homing instinct 연어는 귀소본능이 뛰어나다

0416

submit
[səbmít]

통 제출하다 **유** hand in, present
어원 sub(밑에)+mit(보내다)

submit the papers 과제를 제출하다
Submit a plan to the committee 위원회에 계획을 제출하다

0417

bleed
[bli:d]

통 출혈하다, 피를 흘리다 **명** blood 피, bleeding 출혈 **유** lose blood

bleed internally 내출혈이 있다
bleed from the nose 코피가 나다
His face is bleeding from wounds 그의 얼굴은 부상으로 피가 나고 있다

0418

ignore
[ignɔ́ːr]

통 무시하다 **명** ignorance 무시 **유** neglect

ignore completely 완전히 무시하다
Don't ignore your subordinates 아랫사람을 무시하지 마라

0419

veil
[veil]

명 베일 **통** 베일을 쓰다

veil one's intentions 계획을 비밀로 하다
a bridal veil 신부의 면사포
One cannot veil the sky with the palm of a hand
손바닥으로 하늘을 가릴 수는 없는 법입니다

customized
[kʌstəmàiz]

형 고객 맞춤화된 명 customer 고객 동 customize 고객 맞춤화하다

customize one's avatar 아바타를 꾸미다
a customized program 고객 맞춤형 프로그램
Customized pages are set up for purchasing and information
구매 및 정보를 위한 맞춤형 페이지가 설정됩니다

vigorous
[vígərəs]

형 원기 왕성한

in vigorous style 힘찬 문체로.
vigorous in body 신체적으로 건강한
He does vigorous exercises every morning
그는 매일 아침 격렬하게 운동을 한다

promote
[prəmóut]

동 승진시키다, 촉진시키다 명 promotion 승진, 촉진
어원 pro(앞에)+mote(움직여지다)

promote a new product 신제품을 판촉하다
The singer went to perform to promote the album
그 가수는 앨범을 홍보하기 위해 공연을 하러 갔다

wisdom
[wízdəm]

명 현명함, 지혜 형 wise 현명한

It is wisdom to …하는 것이 현명하다
a man of wisdom 지혜로운 사람
I see no wisdom in what he said 그의 말은 분별이 없어 보인다

ceremony
[sérəmòuni]

명 의식 **뮤** ritual

1. ceremony 겉에 나타나는 행동
2. ceremonial 교회·국가·법률 따위의 사물에 쓰임
3. form 규칙이나 규정에 쓰이는 광범위한 말
4. formality 관습적인 절차에 적용
5. rite 종교적 의식
6. ritual rite보다 격식 있고 딱딱한 느낌

with ceremony 격식을 차리고, 정중히
a wedding ceremony 결혼식
We had to leave in the middle of the ceremony
우리는 식 도중에 떠나야 했다

---

herb
[ə:rb]

명 약초, 풀, 허브 **형** herbal 약초의

herb tobacco 약용 담배
a medical herb 약초
Herb tea is good for your health, so many people drink it
허브차는 건강에 좋기 때문에 많은 사람들이 그것을 마신다

---

tight
[tait]

형 꼭 맞는 **동** tighten 꽉 죄다 **반** loose 헐렁한

hold tight 꽉 잡다
a tight skirt 꼭 끼는 스커트
The government imposed tight real-estate regulations late last year
정부는 지난 해 엄격한 부동산 규제를 시행에 들어 갔다

---

except
[iksépt]

전 ~을 제외하고

except when ~할 때를 제외하고
except for ~을 제외하면
He always went to work except when he was sick
그는 아플 때를 제외하고는 항상 출근을 했다

0428

recognize
[rékəgnàiz]

동 알아보다, 인지하다 명 recognition 인식
어원 re(다시)+cognize(알다)

fully recognize 충분히 인식하다
She is recognized as one of the most famous actresses
그녀는 가장 유명한 여배우 중 한 명으로 인정받고 있다

0429

upcoming
[əˈpkəˌmiŋ]

형 다가오는

upcoming price hike 곧 있을 가격 인상
the upcoming election 다가오는 선거
Upcoming is the provincial elections that are scheduled for May
next year 내년 5월 지방 선거가 예정되어 있다

0430

consume
[kənsú:m]

동 소비하다 명 consumer 소비자 유 spend

consume a good time of ~의 시간을 꽤 소비하다
consume energy 에너지를 소비하다
When consumers reduce costs, companies become difficult
소비자가 비용을 줄이면 기업은 어려워진다

0431

global
[glóubəl]

형 세계의 부 globally 세계적으로

the global market 세계 시장
global warming 지구 온난화
We need to make products that can be sold in the global market
우리는 세계 시장에서 팔 수 있는 제품을 만들어야 합니다

0432

upstairs
[ʌpstéərz]

부 위층에, 위층으로 명 위층 반 downstairs 아래층에
어원 up(위의)+stair(계단)

go upstairs 위층으로 올라가다
He's completely vacant upstairs 그의 머리는 텅 비었다

contact
[kɑ́ntækt]

동 연락하다, 접촉하다 **명** 연락 **♻** touch

lose contact 연락이 끊기다
get in contact with ~와 연락하다
There are people who don't want to make eye contact
저랑 눈이 마주치는 걸 원치 않는 사람도 있습니다

government
[gʌ́vərnmənt]

명 정부 **형** governmental 정부의

be in government 정권을 쥐고 있다
be in the government service 국가 공무원이다
The government have broken all their promise
정부는 공약을 모두 지키지 않았다

touching
[tʌ́tʃiŋ]

형 감동적인 **동** touch 감동시키다, 접촉하다 **♻** moving

as touching …에 관하여
a touching story 감동적인 이야기
This touching line would move many people to tears
이 감동적인 대사는 많은 사람들을 눈물 흘리게 할 것이다

contain
[kəntéin]

동 포함하다, 내포하다 **명** containment 포함
어원 con(함께)+tain(유지하다)

1. contain 용기(容器) 안에 실제로 들어 있는 것
2. accommodate 붐비지 않고 불편함 없이 수용하는 것
3. hold는 용기 안에 들어갈 수 있는 최대 수용 능력을 말한다
be contained between ~ 사이에 있다
He can hardly contain his anger 그는 화를 거의 참지 못하는 사람이다

0437
find
[faind]

통 발견하다, 찾아내다, 판결하다 ① discover

find out (조사하여) 발견하다, 답을 내다
I can't find the car key 자동차 열쇠를 찾지 못하겠다

0438
mental
[méntl]

형 정신적인 ① physical 육체적인

mental age 정신 연령
mental health 정신 건강
He sometimes acts as if his mental age is low
그는 가끔 정신 연령이 낮은 것처럼 행동한다

0439
submarine
[sʌbməríːn]

명 잠수함 형 해저의
어원 sub(…의 밑에)+marine(바다)

submarine attack 잠수함 공격
The submarine was sailing under the sea
그 잠수함은 바다 밑을 항해하고 있었다

0440
aging
[éidʒiŋ]

명 노화

aging property 노후한 건물
an aging society 고령화 사회
The aging society is getting faster 노령화 사회는 점점 빨라지고 있다

0441
customer
[kʌstəmər]

명 고객 ① client

satisfy a customer 손님을 만족시키다
customer service 고객 서비스
More consumers are buying things on the Internet
더 많은 소비자들이 인터넷에서 물건을 사고 있다

frustrate
[frʌstreit]

통 좌절시키다 명 frustration 좌절 유 disappoint
어원 frustr(속이다)+ate(…하다)→실망시키다

frustrate a plan 계획을 좌절 시키다
He was frustrated and sad 그는 좌절하고 슬퍼했다

role
[roul]

명 역할 유 part

play the role of Hamlet 햄릿역을 하다.
play an important role in ~에서 중요한 역할을 하다
The most important factor in this is the role of the U.S. in Asia
여기서 가장 중요한 것은 아시아에서 미국의 역할입니다

agree
[əgríː]

통 동의하다 명 agreement 동의 반 disagree 의견이 다르다

1. agree 견해를 조정하여 끝내 동의하다.
2. accede 양보하여 동의하다.
3. assent 소극적으로 동의하다.
4. consent 적극적으로 제안 등에 동의하다.
agree with ~에 동의하다
I don't agree with you on the matter
나는 그 문제에 대해 너와 의견이 맞지 않는다

distant
[dístənt]

형 거리가 먼, 떨어진 명 distance 거리, 간격 반 near 가까운
어원 dis(분리)+stant(일어선 것)

1. distant 거리를 가장 강하게 나타냄
2. far 거리·시간·관계가 먼 것
3. faraway, far off 지극히 먼 것
4. remote 현재의 위치·시간·견해를 기준으로 먼 것
5. removed 시간·거리·내용적으로 동떨어진 것
increasingly distant 점점 멀어지는
a distant view 원경
In the distant future, we may be living on the moon
먼 훗날, 우리는 달에서 살고 있을지도 모른다

CROSS WORD

QUIZ

	1			2						4			
5						3					9		
7									10				
8				11									
		13		12									
14								18		19		20
	15	22		16								
21												
			22									

across		down	
1	~이 들어있다, 억누르다	2 무시하다	You don't pay attention to them
3	~하지 못할 이유가 없는	4 단단한, 꽉 조여있는	small and fit closely to your body
5	틈, 공백	5 거즈	a soft cloth with tiny holes in it
7	살인, 살해	9 세계적인, 지구의	something that happens in all parts of the world
8	표백하다, 표백제	10 찾다, 발견하다	the act of discovering an object or person
12	정부, 정권	11 ~들어있다, 함유하다	those things are inside it
14	제출하다, 항복하다	13 손상, 피해	physical harm that is caused to an object
15	허브, 약초	16 촉진, 홍보하다	they help or encourage it to happen, increase, or spread
16	비관적인		
21	동의하다, 일치하다	18 지혜, 슬기	knowledge in order to make sensible decisions or judgments
22	의식, 격식	19 논평, 언급	you give your opinion about it or you give an explanation for it
		20 익히다, 익숙케하다	proficient with frequent experience
		22 역할	A job performed by an actor in a movie or play

introduce
[ìntrədjúːs]

동 소개하다 명 introduction 소개
어원 intro(중간에)+duce(도입하다)

1. introduce 일반 사람들끼리 소개시키다.
2. present 지위가 높은 사람에게 소개
introduce controls on 규제를 부과하다
I introduced my girlfriend to my friends
나는 내 여자친구를 친구들에게 소개했다

rough
[rʌf]

형 대략적인, 거친 유 approximate

1. rough 포괄적으로 쓰임
2. harsh 불쾌한 느낌을 줌
3. uneven 고르지 않고 울퉁불퉁한
4. rugged 울퉁불퉁한
5. jagged 물건이 둘쭉날쭉한
slightly rough 약간 거친
a rough calculation 대략적인 계산
This leather has a rough feeling 이 가죽은 촉감이 거칠다

apply
[əplái]

동 적용하다, 지원하다 명 application 적용, 지원서
어원 ap(…방향으로)+ply(접다)→적용시키다

no longer apply 더 이상 적용되지 않는다
apply for ~에 지원하다
He applied to Samsung Electronics this time
그는 이번에 삼성전자에 지원했다

divide
[diváid]

동 나누다 명 division 분리
어원 dis(떨어서)+vɪdere(나ᄂ디)

divide words into syllables 단어들을 음절로 나누다
divide A into B A를 B로 나누다
It is difficult to divide exactly into three
정확히 세 개로 나누기는 어렵다

0450
refund
[rifʌnd]

통 환불하다, 갚다 명 환불 유 repay

claim refund 환불을 요구하다
a full refund 전액 환불
I asked for a refund because the new sofa I bought was defective
새로 산 소파에 결함이 있어서 환불을 요청했다

0451
utilize
[júːtəlàiz]

통 활용하다 명 utilization 활용 유 use
어원 utile(실용적인)+ize(…으로 하다)

utilize power from the sun 태양열을 이용하다
utilize the Internet 인터넷을 활용하다
Fashion Design Utilizing Korean Characters Pattern
한글 패턴을 활용한 패션 디자인

0452
community
[kəmjúːnəti]

명 공동체, 공동 사회 유 society

European Community 유럽 공동체
the foreign community 외국인 공동체
Why are European countries trying to become one community?
왜 유럽 국가들은 하나의 공동체가 되려고 하는가?

0453
funny
[fʌni]

형 재미있는, 우스운 명 fun 재미

1. funny 우스운
2. ludicrous 어리석음 때문에 사람을 웃기는
3. ridiculous 바보스러워 비웃음을 자아내는
4. comical funny 거리낌 없는 웃음을 자아냄
5. droll 우스꽝스러운
I'm not being funny, but ·· 농담으로 한 얘기는 아니지만 …
a funny situation 웃긴 상황
It's funny that the wrong decision is accepted
잘못된 결정이 받아들여 지다니 우습다

0454

pure
[pjuər]

형 순수한, 맑은 명 purity 순수, 순도

pure essential oil 불순물이 섞이지 않은 정유
pure gold 순금
More and more mothers want pure water for their children
점점 더 많은 엄마들이 아이들을 위해 순수한 물을 원한다

0455

worth
[wə:rθ]

형 가치가 있는

It is worth while doing …할 가치가 있다
be worth nothing 가치가 전혀 없다
I think this book will be worth it later
나는 이 책이 나중에 가치가 있을 것이라고 생각한다

0456

compact
[kəmpǽkt]

형 소형의, 촘촘한, 조밀한 유 small, close

compact with ~와의 협정
a compact car 소형차
He sold millions of compact discs worldwide
그의 CD는 세계적으로 수백만장이 팔려 나갔다

0457

flame
[fleim]

명 불꽃 형 flamy 타고 있는 유 fire

explode in flames 폭발하며 타오르다
burst into flames 확 타오르다
The building went up in flame 그 건물은 불길에 휩싸였다

0458

locate
[lóukeit]

동 위치를 정하다, 두다 명 location 위치
어원 loc(장소)+ate(…으로 하다)→(어떤 장소에) 놓다

1. locate 소제를 찾는 것
2. find 사람·물건을 찾는 것
be located in[at] ~에 위치하다
Can you locate where we are on this map?
이 지도에서 지금 우리들이 어디에 있는지 알 수 있습니까?

0459

suicide
[sjúːəsàid]

명 자살 **통** 자살하다
어원 sui(자신의)+cide(살해자)

commit suicide 자살하다
As the suicide rate of teenagers is increasing, measures are urgently needed. 청소년의 자살률이 높아지고 있는 만큼 대책이 시급하다

0460

alligator
[ǽligèitər]

명 악어 **유** crocodile

an alligator handbag 악어 가죽 핸드백
alligator wrench 악어입형 렌치
Alligators are large and scary reptiles
악어는 몸집이 크고 무서운 파충류이다

0461

chief
[tʃiːf]

명 우두머리 **형** 중요한

the chief of a family 가장
chief executive officer 최고 경영자, 회장, 사장
She is the chief executive of the company
그녀는 그 회사의 최고 경영자이다

0462

eager
[íːgər]

형 열망하는 **반** unenthusiastic 열망하지 않는

be eager to do 간절히 ~하고 싶어하다
eager for ~을 열망하여
I was only too eager. 난 단지 너무 간절했다

0463

flood
[flʌd]

명 홍수 **통** 범람하다

a flood of tears 쏟아지는 눈물
a flood of questions 질문의 쇄도
It rained so much that there was a flood
비가 너무 많이 와서 홍수가 났다

0464

hunger
[hʌ́ŋgər]

명 굶주림 형 hungry 배고픈 유 starvation

a hunger for fame 명예욕
hunger strike 단식 투쟁
of hunger 굶주림으로
Hunger drove him to steal 배고픔이 그를 도둑질을 하도록 몰아갔다

0465

loyal
[lɔ́iəl]

형 충성스러운 명 loyalty 충성 유 faithful

loyal person 충성스러운 사람
loyal conduct 성의를 다한 행동
Dogs are loyal animals to humans
개는 인간에게 충성스러운 동물입니다

0466

prefer
[prifə́ːr]

동 ~을 더 좋아하다 명 preference 선호
어원 pre(전에)+fer(옮기다)

prefer to ~보다 선호하다
prefer+that (should)절 …하고 싶어하다
I prefer reading novels to watching movies
나는 영화 보는 것보다 소설 읽는 것을 더 좋아한다

0467

raft
[ræft]

명 뗏목

a rubber raft 고무 보트
life raft 구명 뗏목
launch a raft 뗏목을 띄우다
She crossed the Han-River on a raft 그녀는 뗏목을 타고 한강을 건넜다

0468

borrow
[bɔ́ːrou]

동 빌리다 반 lend 빌려주다
어원 bag(자루, 뭉치)+age(…있는 것)→묶은[싼] 것

borrow trouble 쓸데없는 걱정을 하다
a baggage check 수화물 보관증
Can I borrow your umbrella? 우산 좀 빌릴 수 있을까?

0469

canal
[kənǽl]

명 운하 **통** canalize 운하를 파다
기본 canal **과거** canalled **과거분사** canalled **현재분사** canalling

spinal canal 척수관, 척추관
The canal is always open for ships to travel
운하는 항상 배가 다니도록 개방되어 있다

0470

factual
[fǽktʃuəl]

형 사실의, 실제의 **명** fact 사실 **유** real

factual evidence 사실적 증거
It is purely a factual question 이것은 사실에 입각한 질문입니다

0471

garbage
[gɑ́ːrbidʒ]

명 쓰레기 **유** trash

take out the garbage 쓰레기를 내놓다
garbage truck 쓰레기수거차, 쓰레기차
What day do they collect the garbage?
쓰레기는 무슨 요일에 수거하러 오나요?

0472

order
[ɔ́ːrdər]

통 명령하다, 주문하다 **명** 순서, 질서, 명령 **형** orderly 정돈된
어원 라틴어 ordo, ordinis(열, 나란히 선 줄)

out of order 고장난, 부적절한
the order of the day 의사 일정
I'd like to cancel my order now, is it possible?
지금 주문을 취소하고 싶은데 가능한가요?

0473

painter
[péintər]

명 화가 **유** artist

a female painter 여류 화가
landscape painter 풍경화가
word-painter 생생한 문장을 쓰는 사람
Van Gogh is one of the greatest painters in the world
고흐는 세계 최고의 화가 중 한 명이다

yell
[jel]

동 고함치다 명 고함 소리 유 scream

yell at ~에게 소리를 지르다
yell for delight 쾌재를 부르다
Don't yell, please 제발 소리 지르지 마세요

abroad
[əbrɔ́:d]

부 해외로 유 overseas

go abroad 해외로 가다
fly one's assets abroad 재산을 해외로 도피시키다
She had been abroad many times 그녀는 해외에 여러 번 가 봤었다

earthquake
[ə:rθkweik]

명 지진

earthquake-proof 내진의
earthquake center 진앙, 진원지
Many buildings were destroyed by the earthquake
많은 건물들이 지진으로 파괴되었습니다

failure
[féiljər]

명 실패 동 fail 실패하다 반 success 성공
어원 라틴어 fallere(실수하다, 속이다)

end in failure 실패로 돌아가다
Failure is the mother of success 실패는 성공의 어머니이다

pale
[peil]

형 창백한

turn pale 창백해지다
Pale Horse 창백한 말(죽음의 상징)
I'm worried that the child's face looks so pale
아이의 얼굴이 창백해 보여서 걱정입니다

preserve
[prizə́:rv]

통 보존하다, 유지하다 명 preservation 보존 류 conserve
어원 pre(앞에)+serve(유지하다)

preserve order 질서를 유지하다
Refrigerators are the best preservation equipment for food
냉장고는 음식의 가장 좋은 보존 장비이다

---

cancer
[kǽnsər]

명 암 류 carcinoma

lung cancer 폐암
inoperable cancer 수술이 불가능한 암
She battled cancer for four years 그녀는 4년 동안 암과 싸웠다

---

choose
[tʃu:z]

통 고르다 명 choice 선택 류 select

choose : 우수해 보이는 것을 취하는 것
select : 적당한 것을 취하는 것
as you choose 원하시는 대로
It is hard to choose what to eat during lunchtime
점심시간에 무엇을 먹을지 고르기 힘들다

---

tax
[tæks]

명 세금

fat tax 건강에 좋지 않은 음식에 부과되는 세금
pink tax 동일한 상품임에도 불구하고 여성이 남성보다 더 높은 가격을
지불해야 하는 현상
Is tax included in the price of the product?
제품 가격에 세금이 포함되어 있나요?

---

underwater
[əˈndərwɔ]

형 물속의

underwater photography 수중 촬영
underwater exploration 수중 탐사
The car is totally underwater 차가 물 속에 완전히 잠겨 있다

0484

capital
[kǽpətl]

명 수도, 자본 **형** 수도의, 자본의, 주요한

a capital city 수도
capital stock 자본금
Cairo is the capital of Egypt 카이로는 이집트의 수도이다

0485

chore
[tʃɔːr]

명 하기 싫은 일, 가사

a household chore 집안일
chore boy (농장 등)취사 보조원
He finds shopping a chore 그는 쇼핑하는 것이 귀찮다

0486

illness
[ílnis]

명 병 **형** ill 아픈 **반** health 건강

a severe illness 중병
mental illness 정신 질환, 정신병, 지적장애
absence owing to illness 병으로 인한 결근
He is still weak after his illness
그는 아프고 난 후로 아직도 몸이 약하다

0487

mankind
[mæ'nkai'nd]

명 인류 **동** people
어원 man(인간(의))+kind(종류)

love for all mankind 인류애
Underground is a huge resource for mankind
땅속은 인류에게 거대한 자원이다

0488

swallow
[swάlou]

동 삼키다

swallow the bait 미끼를 삼키다
swallow-tailed 제비꼬리의 (모양)의
Can I have a swallow of apple juice? 사과 주스 좀 마실 수 있어요?

tear
[tiər]

통 찢다 유 rip

crocodile tears 거짓 눈물
tear something into pieces ~을 갈기갈기 찢다
He was unable to tear her eyes away from her
그는 그녀에게서 눈을 뗄 수가 없었다

capture
[kǽptʃər]

통 붙잡다 명 포획 유 catch
어원 라틴어 captus(붙잡히다, 잡음)

captured prisoners 붙잡힌 죄수
the capture of a criminal 범인의 체포
Many people were mobilized to capture the fox
많은 사람들이 여우를 잡기 위해 동원되었다

conflict
[kənflíkt]

통 충돌하다, 모순되다 명 confliction 싸움, 충돌 반 agree 일치하다
어원 con(함께)+flict(치다)

conflict with ~와 충돌하다
My interests conflict with his 나의 이해는 그의 이해와 상반된다
His diary was a record of his inner conflict
그의 일기는 내적 갈등의 기록이었다

foreign
[fɔ́ːrən, fɑ́rən]

형 외국의 명 foreigner 외국인 반 domestic 국내의

foreign affairs 국제 관계
be foreign to the question 그 문제와 무관하다
His foreign accent was barely perceptible
그의 외국인 말투는 간신히 인지할 수 있을 정도였다

gear
[giər]

명 기구, 기어, 전동장치

out of gear 기어가 풀려서
get one's gear together 소지품을 챙기다
His career is moving into top gear
그는 출세 가도를 빠르게 달리고 있는 중이다

0494

sweat
[swet]

동 땀을 흘리다 **명** 땀 **유** perspiration

The glass is sweating on the table 탁자 위의 유리에 물기가 서려 있다
Her skin was agleam with sweat 그녀의 피부가 땀에 젖어 번들거렸다

0495

technology
[teknάlədʒi]

명 과학기술 **형** technological 과학기술의
어원 techno(기술의)+logy(학문)

modern technology 현대 기술
high technology 첨단 기술
We are leading in marine technology
우리는 해양 기술 분야에서 선두를 달리고 있다

0496

deck
[dek]

명 갑판

the upper deck 상층 갑판
flight deck 조종실
All the sailors gathered on the deck for the event
모든 선원들은 행사를 위해 갑판에 모였다

0497

disability
[dìsəbíləti]

명 장애 **유** handicap

1. disability 능력의 상실로 인한 무능
2. inability 능력을 넘어선 선천적 결여
a person with a disability 장애인, 불구자
He has a learning disability 그는 학습 장애가 있다

0498

sincere
[sinsíər]

형 성실한, 진실의 **명** sincerity 성실 **유** honest

sincere sympathy 진심어린 동정
sincere effort 진지한 노력
She has a sincere faith 그녀는 신실한 믿음을 가지고 있다

CROSS WORD
QUIZ

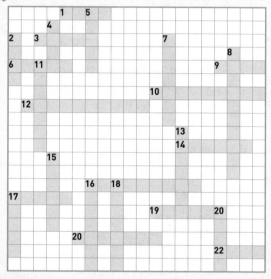

across	down	
1 소리치다, 외치다	2 갑판	A wide, flat floor made of wood or iron on a large ship such as a warship
3 재미있는, 웃기는	4 순수한	There is no mixing of different things at all
6 최고위자	5 충실한, 충성스러운	mind about wages or the state
9 창백한, 핼쑥한	7 삼키다	put something in one's mouth and pass it through one's throat
10 악어	8 지진	The sudden shaking of the ground
12 물속의, 수중의	11 병, 아픔	Pain due to an abnormality in a part of the body
14 해외로, 해외에	13 도장공, 칠하는사람	a person who specializes in coloring
16 주민, 지역사회	15 정신, 영혼	The soul or mind that is opposed to the body or matter
17 일, 하기싫은 일	16 소형의, 작은	Smaller size or size among objects of the same kind
19 빌리다, 꾸다	17 운하, 수로	Waterway dug up on land for the ship's operation
20 국가의 수도, 자본금	18 (모든)인간, 사람들	everyone in the world
22 찢다, 뜯다	21 ~가치가 있는	Useful for things

0499

spirit
[spírit]

명 영혼
어원 라틴어 spiritus(마음, 정신)

a noble[generous] spirit 고결[관대]한 사람
He kicked the ball with spirit 그는 힘차게 공을 찼다

0500

forth
[fɔ:rθ]

부 앞으로, 전방으로 **동** forward 반 back 뒤로

back and forth 여기저기로, 앞뒤로
She opened her mouth and sent forth a stream of noise.
그녀가 입을 열자 계속 시끄러운 소리를 쏟아 냈다

0501

hallway
[hɔ'lwei]

명 현관, 복도

along a hallway 복도를 따라서
Yet, there in the hallway 아직 이 길에는
She started down the long hallway
그녀는 긴 복도를 따라 걷기 시작했다

0502

undertake
[ə'ndərtei,k]

동 떠맡다
어원 under(밑에)+take(떠맡다)

undertake responsibility 책임을 지다.
Undertake the care of the children 어린이들을 보살피기로 하다

0503

affair
[əféər]

명 일, 사건
어원 라틴어 ad-(to) + facere(to make, do)→할 일

on business affairs 사업상의 용무로
It's no affair of mine 내가 알 바 아니다
She denied all knowledge of the affair
그녀는 그 문제에 대해 전혀 알지 못했다고 부인했다

0504

influence
[ínfluəns]

명 효과, 영향 유 effect
어원 in(안으로)+flu(흐르다)+ence(…하는 것)

have influence on ~에 영향을 끼치다
She is a good influence on him
그녀는 그에게 좋은 영향을 주고 있다

0505

irresponsible
[ìrispánsəbl]

형 무책임한 명 irresponsibility 무책임
어원 ir(없는)+responsible(책임이 있는)

irresponsible conduct 무책임한 행위
The president's irresponsible behavior made me angry
대통령의 무책임한 행동이 나를 화나게 했다

0506

absurd
[æbsə́:rd, æbzə́:rd]

형 어리석은, 불합리한 명 absurdity 어리석음 유 ridiculous
반 sensible 분별 있는
어원 ab(…에서)+surd(귀가 들리지 않는)→도리에 벗어난

talk absurd nonsense 얼간이 같은 말을 하다
She has a good sense of the absurd
그녀는 부조리한 것에 대한 감각이 예리하다

0507

artificial
[à:rtəfíʃəl]

형 인공적인, 인위적인 반 natural 자연적인
어원 artifice(책략)+al(…의)

artificial flowers 조화
an artificial smile 억지 웃음
This food contains no artificial preservatives
이 음식에는 인공 방부제가 들어 있지 않다

0508

heal
[hi:l]

동 고치다, 낫게 하다 형 healable 고칠 수 있는

heal a wound 상처를 낫게 하다
heal-all 1. 만병초(self-heal) 2. 만병통치약
faith healing (기도에 의한) 신앙 요법(faith cure)
Sometimes time heals everything 때때로 시간이 모든 것을 치유한다

0509

influential
[ìnfluénʃəl]

형 영향력 있는　명 influence 영향　유 powerful

an influential action 영향력 있는 행동
She is still incredibly influential
그녀는 여전히 믿을 수 없을 정도로 영향력이 있다

0510

stock
[stak]

명 주식, 저장　유 share
과거 stocked　과거분사 stocked　현재분사 stocking

a stock market 주식 시장
Stocks are legitimate investments
주식은 합법적인 투자다

0511

suspend
[səspénd]

통 (일시)중지하다, 연기하다　명 suspension 중지
유 postpone, put off　어원 sus(아래에)+pend(매달다)

suspend payment 지불을 중단하다
a temporarily suspended teacher 일시 정직이 된 교사
The cafe was ordered to suspend business
카페는 영업을 중단하라는 명령을 받았습니다

0512

extinguisher
[ikstíŋgwiʃər]

명 소화기　통 extinguish (빛·불 따위를) 끄다

a fire extinguisher 소화기
operate the fire extinguisher 소화기를 작동시키다
All homes must have fire extinguisher equipment
모든 가정에는 소화기 장비가 있어야 합니다

0513

foundation
[faundéiʃən]

명 창설, 기초, 근거　형 foundational 기초적인

a rumor without foundation 근거 없는 소문
lay the foundation(s) of one's fortune 재산의 기초를 쌓다
They came together to create a welfare foundation
그들은 복지 재단을 만들기 위해 모였습니다

0514
academy
[əkǽdəmi]

[명] 학원, 학회, 학교 [형] academic 학구적인, 학원의 [유] school

a music academy 음악 학교
I'm sending music academy separately after school
방과 후에 음악 학원을 따로 보낼 것이다

0515
agency
[éidʒənsi]

[명] 대리점 [명] agent 대리인

a travel agency 여행사
by[through] the agency of my teacher 선생님의 주선으로
the International Atomic Energy Agency 국제 원자력 기구
He sought an agency to enter Europe
그는 유럽에 진출할 수 있는 소속사를 구했다

0516
fountain
[fáuntən]

[명] 분수 [동] 분출하다

a drinking fountain 분수형태의 급수시설
There are many famous fountains in the world. Especially,
Trevi Fountain is the most famous
세상에는 유명한 분수들이 많이 있습니다. 특히 트레비 분수가 가장
유명하다

0517
heartless
[hɑ́:rtlis]

[형] 무정한, 냉혹한 [유] cold-hearted

a heartless man 냉혹한 사람
a heartless decision 무자비한 결정
Sometimes I feel like a company is a heartless place
때로는 회사가 무정한 곳인 것 같다

0518
poverty
[pávərti]

[명] 빈곤 [형] poor 가난한 [반] wealth 부

extreme poverty 극빈
eradicate poverty 빈곤을 뿌리 뽑다
Poverty is being sick and not being able to see a doctor
빈곤은 아파도 병원에 갈 수 없는 것이다

0519

psychologist
[saikálədʒist]

명 심리학자 형 psychological 심리학의

educational psychologist 교육 심리학자
Psychologists sometimes gain experience by meeting many people
심리학자들은 때때로 많은 사람들을 만나면서 경험을 쌓는다

0520

agreement
[əgrí:mənt]

명 일치, 합의 통 agree 합의하다

reach an agreement 합의에 도달하다
I'm quite in agreement with what you say
당신 말에 전적으로 동감입니다

0521

aspect
[ǽspekt]

명 모양, 관점, 양상 유 view 관점

in all aspects 모든 관점에서
The room was changed in aspect 방 모양이 바뀌었다

0522

modify
[mάdəfài]

통 바꾸다, 수정하다 명 modification 수정, 변경
어원 mode(척도)+ify(…으로 하다)→척도에 맞추다

modify a contract 계약을 변경하다
The plan has been modified to be more practicable
그 계획은 좀 더 실행 가능한 것으로 수정되었다

0523

objective
[əbdʒéktiv]

명 목표 형 객관적인, 목표의 명 objectivity 객관성 유 goal, target

a learning objective 학습 목표
I want to know what your future object is
나는 너의 장래 목표가 무엇인지 알고 싶어

0524
economic
[èkənámik]

형 경제의 명 economy 경제 유 financial

economic power 경제 대국, 경제력
economic policy 경제 정책
Economic growth is expected to average 3% next year
내년에는 경제 성장이 평균 3%로 예상된다

0525
essential
[isénʃəl]

형 근본적인, 필수의 부 essentially 본질적으로
어원 라틴어 esse(존재)+-ial(…에 관한)→있는, 존재하는

essential qualities 본질
Money and honor are not essential to happiness
돈과 명예는 행복에 필수적인 것이 아니다

0526
strict
[strikt]

형 엄격한 명 strictness 엄격함

1. strict 엄정함.
2. rigid 융통성이 없는 엄격함
a strict person 엄격한 사람
He's a very strict disciplinarian 그는 대단히 엄격한 규율주의자이다

0527
upward
[ʌpwərd]

형 위로 향한
어원 up(위의)+ward(방향으로)

the upward line 올라가는 선
I began to climb upward 나는 올라가기 시작했다

0528
disrupt
[disrʌpt]

동 붕괴시키다 명 disruption 붕괴

disrupt a country 국가를 붕괴시키다
The news disrupted the meeting 그 소식에 회의장은 어수선해졌다

0529

economical

[èkənámikəl]

형 경제적인 명 economy 경제

an economical price 경제적인 가격
The company's operation this month has been economical
그 회사의 이번 달 운영은 경제적이다

0530

purchase

[pə́:rtʃəs]

동 구입하다 명 구입 유 buy
어원 pur(앞에)+라틴어 capere(가지다)→노력하여 얻다, 사다

I purchased my wife a new coat 아내에게 새 코트를 사주었다

0531

resist

[rizíst]

동 저항하다 명 resistance 저항 유 oppose
어원 re(반대하여)+sist(세우다)

resist the law 법을 거스르다
Who can resist God's will? 누가 신의 뜻을 거역할 수 있나요?

0532

weigh

[wei]

동 ~만큼 무게가 나가다, ~의 무게를 달다 명 weight 무게

weigh oneself 체중을 달다
It weighs as much as it eats. Stop eating if you want to lose weight
먹는 만큼 무게가 나갑니다. 살을 빼고 싶으면 그만 드세요

0533

associate

[əsóuʃièit]

동 관련시기다, 연관시키다 명 association 관련
어원 as(…에)+soci((동료의 입장에서)가담하나)+ate(… 하게 되다)

associate A with B A를 B와 관련시키다
They are associate to this case 그들은 이 사건과 관련이 있습니다

0534

basement
[béismənt]

명 지하실

a basement parking area 지하 주차장
basement troop 최하위 팀
In an emergency, we evacuate to the basement
비상시 우리는 지하실로 대피합니다

0535

bring
[briŋ]

통 가져오다

bring about 야기하다, 초래하다
She beckoned to the waiter to bring the bill
그녀는 웨이터에게 계산서를 가져오라고 손짓했다

0536

paycheck
[pei´tʃeˌk]

명 급료, 임금

pick up one's paycheck 급여를 수령하다
an error on the paycheck 급료의 문제
An entrepreneur doesn't expect a regular paycheck
기업가는 정기적인 수입을 기대하지 않습니다

0537

priest
[pri:st]

명 성직자 형 priestlike 성직자다운 🔁 pastor

ordain priest 임명하다, 서임하다.
I told the priest right away 저는 신부님께 바로 말씀드렸죠

0538

account
[əkáunt]

명 은행 계좌
어원 ac(…을)+count(헤아리다, 말하다)

Savings account 보통예금 계좌
Deposit $5,000 in one's account 예금 계좌에 5,000달러를 예금하다

amusement
[əmjúːzmənt]

명 즐거움 **형** amused 즐거운

find amusement in …을 즐기다
an amusement park 놀이동산
His lips twitched with amusement 그는 재미있어서 입술이 씰룩거렸다

creative
[kriéitiv]

형 창조적인 **동** create 창조하다 **유** inventive

be creative of ~을 창조하다
creative writing 창작
I had never before thought of myself as a creative person
나는 내가 창의적인 사람이라고 생각한 적이 없다

decline
[dikláin]

동 하락하다 **명** 하락
어원 de(아래로)+cline(기울다)

a declining birthrate 하락하는 출산율
He declined to go to the park with us
그는 우리들과 공원에 가는 것을 거절했다

situation
[sìtʃuéiʃən]

명 상황 **형** situational 상황의 **유** circumstance

the present situation 현재 상황
The economic situation is getting worse 경제 상황이 악화되고 있다

spot
[spat]

명 반점, 장소 **형** spotty 얼룩덜룩한 **유** mark

on the spot 즉석에서
spot check 1. 무작위 추출 검사 2. 발췌 검사
Not one spot of dirt 먼지 얼룩 한점 없다

CROSS WORD QUIZ

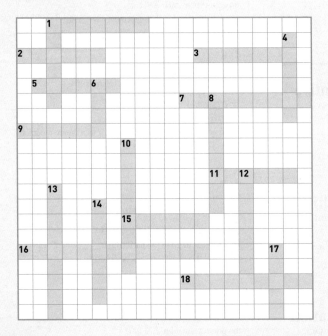

across	down	
1 학교, 학술원	1 우스꽝스러운	Not fit for theory or reason
2 저항하다	4 엄격한	Words, attitudes, and rules are very thorough
3 방해하다	6 점, 반점	periods, commas, and midpoints.
5 사제, 성직자	8 분수	A device designed to squirt or squirt water upwards through a narrow hole.
7 영향, 영향력		
9 측면, 양상	10 협정, 합의	Consensus with each other
11 대리인, 대행사	12 경제의	All the activities needed to produce and consume human life
15 수정하다, 바꾸다		
16 무책임한	13 착수하다, 동의하다	to start something
18 목적, 목표	14 연기하다, 연장하다	to extend a set deadline by pushing back
	17 무게가~ 이다	the weight of an object

134 BLOCK VOCA 중등완성

0544
attract
[ətrǽkt]

圄 끌다, 매혹하다 圀 attraction 끌어당김, 매력 曾 charm
어원 at(…의 쪽으로)+tract(끌다)

be attracted by ~에 반하다
He was attracted to her, like a moth to a candle
나방이 촛불에 끌리듯 그는 그녀에게 매혹되었다

0545
broaden
[brɔ́:dn]

圄 넓히다 圀 broad 넓은 曾 widen

broaden into A를 B까지 확장시키다
broaden one's view 견해를 넓히다
Books broaden your mind 책은 마음을 넓혀 준다

0546
harvest
[háːrvist]

圀 수확 圄 수확하다

a good harvest 풍작
The harvest looks promising 수확은 괜찮을 것 같다

0547
incredible
[inkrédəbl]

圀 놀라운, 믿어지지 않는 凰 incredibly 대단히 曾 amazing
어원 in(…이 아닌)+credible(믿을 수 있는)

an incredible memory 굉장한 기억력
Him acting is incredible! 그의 연기는 정말 대단하다!

0548
spray
[sprei]

圄 뿌리다

spray gun 1. (페인트·살충제 등의) 분무기 2. 물총 분무기
spray A with B A에 B를 뿌리다
A skunk can shoot its spray as far as two meters
스컹크는 2미터까지 이 액체를 분사할 수 있다

thankful
[θǽŋkfəl]

형 감사하는 부 thankfully 감사히 유 grateful

be thankful to A for B A에게 B에 대해 고마워하다
I was thankful to breathe the fresh air
신선한 공기를 마실 수 있어서 참 기뻤다

cause
[kɔːz]

명 원인 통 일으키다 유 reason

cause and effect 원인과 결과
Traffic accidents are one of the biggest causes of death in Korea
교통사고는 한국에서 가장 큰 사망 원인 중 하나이다

conquer
[káŋkər]

통 정복하다 명 conquest 정복 유 defeat
어원 con(완전히)+quer(바라다)

stoop to conquer 굴욕을 참고 목적을 달성하다
The Norman conquered England in 1066
노르만족은 1066년에 잉글랜드를 정복했다

fat
[fæt]

명 지방 형 뚱뚱한

low-fat 저지방의
body fat 체지방
Foods with high-fat content are not good for the body
지방 함량이 높은 음식은 몸에 좋지 않다

forward
[fɔ́ːrwərd]

부 앞으로, 전방으로 반 backward 뒤로
어원 fore(앞)+ward(…쪽으로)

look forward to ~을 고대하다
He is looking forward to going home
그는 집에 가기를 고대하고 있다

0554

volunteer
[vàləntíər]

명 자원봉사자, 지원자 **통** 지원하다

a volunteer crop 자생 농작물
Thousands of men volunteered when the war broke out
전쟁이 터지자 수천 명이 지원병으로 나섰다

0555

welcome
[wélkəm]

명 환영 **부** welcomely 반갑게
어원 고대영어 willa(반가움)+cuma(손님)

give someone a warm welcome ~를 따뜻하게 맞이하다
welcome a new change 새로운 변화를 기꺼이 받아들이다
You are always welcome to visit Korea
한국에 오는 것을 언제든지 환영합니다

0556

ceiling
[síːliŋ]

명 천장, 한계
어원 ceil(하늘)+ing(…에 있는 것)

reach the ceiling 한계점에 도달하다
The ceiling is so high that it is difficult to install the lights
천장이 너무 높아서 조명 설치가 어렵습니다

0557

climate
[kláimit]

명 기후, (기후상으로 본) 지방 **형** climatic 기후상의 **참고** weather 날씨

a climate of political unrest 정치적으로 불안한 정세
a wet climate 습한 지방
Climate change occurred due to the increase in thermal power plant
화력발전소의 증가로 인해 기후 변화가 일어났다

0558

independence
[ìndipéndəns]

명 독립 **형** independent 독립의 **반** dependence 의존
어원 라틴어 in-(…아닌)+de-(아래로)+pendere(매달리다)

Independence Day 독립 기념일, 광복절
Scotland's first war of independence began in 1296 when the British invaded Scotland
스코틀랜드의 첫 독립전쟁은 영국이 스코틀랜드를 침략한 1296년에 시작되었다

0559

mayor
[méiər]

명 시장

the mayor of Seoul 서울시장
a deputy mayor 부시[읍, 면]장
If you're a mayor, you can do something about that
당신이 시장이라면, 그것에 대해 무엇이든 할 수 있습니다

0560

thoughtful
[θɔ́ːtfəl]

형 신중한, 사려 깊은 **명** thought 생각, 사려 **유** careful

a thoughtful person 신중한 사람
He was very thoughtful of my safety
그는 나의 안전에 몹시 신경을 써 주었다

0561

unique
[juːníːk]

형 유일한, 독특한 **부** uniquely 유일무이하게 **유** only
어원 라틴어 un(1개)+ique(…의)

in a unique way 독특한 방법으로
That chair has a very unique design 그 의자는 디자인이 매우 독특하다

0562

electricity
[ilektrísəti]

명 전기 **형** electric 전기의

conduct electricity 전기를 전달하다
frictional electricity 마찰 전기
It is preparing to produce electricity using eco-friendly solar power
친환경 태양광을 활용한 전력 생산을 준비하고 있다

0563

evil
[íːvəl]

명 악

evil conduct 나쁜 짓 speak evil of …을 나쁘게 말하다.
social evil 사회악
In movies, heroes fight against a social evil and always win
영화에서 영웅들은 사회악과 싸우고 항상 승리한다

script
[skript]

명 대본, 원고 **통** ~의 대본을 쓰다

co-script ···에 대한 대본을 공동으로 준비하다
a movie script 영화 대본
I'm sorry, but I'll fix the script for a moment and proceed
죄송하지만, 제가 잠시 대본을 고쳐서 진행하겠습니다

---

slippery
[slípəri]

형 미끄러운

as slippery as eel 뱀장어처럼 붙잡기 어려운; 파악할 수 없는.
a slippery floor 미끄러운 바닥
The floor was very slippery because the oil flowed
기름이 흘러 바닥이 매우 미끄러웠다

---

avoid
[əvóid]

통 피하다 **명** avoidance 회피 **유** prevent
어원 a(···을 이탈하여)+void(헛되이 하다)

1. avoid 사람·사물·위험을 피하는 것.
2. shun 이성·양심적으로 피하는 것을 가리킴.
avoid bad company 나쁜 교제를 피하다
An epidemic spread through the village and we avoided it
전염병이 마을에 퍼져서 우리는 그곳을 피했다

---

browse
[brauz]

통 (사지 않고) 상품을 구경하다 **명** browser (컴퓨터) 정보 검색 프로그램
유 window-shop, look around

"Can I help you?" "No, thanks. I'm just browsing."
"도와드릴까요?" "아니, 괜찮습니다. 그냥 구경하고 있어요."

---

plcasant
[plézənt]

형 즐거운, 유쾌한 **반** unpleasant 불쾌한

have[spend] a pleasant time 즐겁게 시간을 보내다
a pleasant surprise 뜻하지 않은 기쁨
It has been a pleasant day 유쾌한 시간이었어요

0569

promising
[prάmisiŋ]

형 장래성 있는, 유망한　부 promisingly 가망 있게

promising young scholar 장래가 촉망되는 젊은 학자
a promising athlete 장래성 있는 선수
He was a very promising soccer player from an early age
그는 어려서부터 매우 유망한 축구 선수였다

0570

vote
[vout]

동 투표하다　명 투표　참고 elect 선출하다

be chosen by vote 투표로 선택되다
vote for ~에게 찬성 투표를 하다
We can express our opinions by voting
우리는 투표로 우리의 의견을 표현할 수 있습니다

0571

wipe
[waip]

동 닦다

wipe one's hands on[with] a paper towel 손을 종이 수건으로 닦다
wipe one's eyes 눈물을 닦다
wipe a damp cloth over the desk 젖은 걸레로 책상을 닦다[훔치다]
I wiped the hallway floor three times a week
나는 일주일에 세 번 복도 바닥을 닦았다

0572

feature
[fí:tʃər]

명 특징, 생김새　유 aspect

an important[a key] feature 중요한 특징
make a feature of ~을 특색으로 삼다
Her eyes are her most notable feature
그녀의 눈이 그녀 얼굴에서 가장 눈에 띄는 부분이다

0573

bent
[bent]

형 구부러진　동 bend 구부러지다　유 curved

bent on 1. 열중하고 있는 2. 결심하고 있는
a bent stick 구부러진 막대기
This cell phone screen can be bent or folded like a newspaper
이 핸드폰 화면은 신문처럼 구부리거나 접을 수 있다

occur
[əkə́:r]

동 발생하다, 일어나다 **명** occurrence 발생 **유** happen
어원 oc(…에 향하여)+cur(뛰어가다)

This landslide was a natural occurrence 이 산사태는 자연 발생이었다

pay
[pei]

동 지불하다 **명** payment 지불

pay ·· back / pay back ·· 1. 변제하다 2. 돈을 갚다 3. 갚다
pay in cash 현금으로 지불하다
Every time we buy something at the mart, we pay taxes
우리는 마트에서 물건을 살 때마다 세금을 낸다

valid
[vǽlid]

형 유효한, 효과적인 **명** validity 타당성, 유효성
유 effective **반** invalid 무효의

a valid reason 정당한 이유.
a valid contract 유효한 계약
Her signature makes the will valid
그녀가 서명하면 이 유언장은 유효하게 된다

beverage
[bévəridʒ]

명 음료, 마실 것 **유** drink **어원** bever(마시다)+age(것)

make someone a beverage ~에게 음료를 타주다
alcoholic beverages 알코올 음료
orange juice is a popular beverage all over the world.
오렌지 주스는 전세계적으로 인기있는 음료이다

evaporate
[ivǽpərèit]

동 증발하다 **명** evaporation 증발 **유** vaporize, dry up
어원 e(바깥으로)+vapor(열기)+ate(…으로 되다)

evaporative 증발의, 증발에 의한
The rate of evaporation is fast on hot days
더운 날에는 증발 속도가 빠르다

0579
farewell
[fɛərwél]

명 작별, 고별 어원 fare(여행하다)+well(잘)

a fond farewell 애정 어린 작별
a farewell party 환송회
Farewell! I hope we meet again soon
안녕히 계세요! 빨리 다시 만났으면 좋겠어요

0580
preferable
[préfərəbl]

형 더 나은, 바람직한 통 prefer 선호하다

preferable to ~보다 바람직한
It is preferable that he gets there by tomorrow
그가 내일까지 그곳에 도착하는 것이 바람직하다

0581
resolve
[rizálv]

통 결심하다, 결정하다 명 resolution 결심, 결의 유 decide
어원 re(자극 등에 응하여)+solve(해결하다)

resolve to+동사 ~할 것을 결심하다
We have informed Members of the resolution to change plans
우리는 구성원들에게 계획 변경의 결의안을 통보했다

0582
consumption
[kənsʌmpʃən]

명 소비 통 consume 소비하다 반 production 생산

have high[low] gas consumption 가스 소비량이 많다[적다].
Per capita pork consumption amounted to 21.6 kilograms last year
1인당 돼지고기 소비는 작년에 21.6킬로그램에 달했다

0583
curiosity
[kjùəriásəti]

명 호기심 형 curious 알고 싶어하는 유 interest

curiosity about the unknown 미지 세계에의 호기심
out of curiosity 호기심에서
A lot of things were invented out of curiosity
많은 것들이 호기심에서 발명되었다

0584
editorial
[èdətɔ́:riəl]

몡 사설, 논설 혱 편집의 통 edit 편집하다
뷔 editorially 사설로서, 편집상

carry an editorial 사설을 싣다
The newspaper wrote an editorial about workers' rights
그 신문은 노동자의 권리에 관한 사설을 썼다

0585
prejudice
[prédʒudis]

몡 편견 동 편견을 갖게 하다 혱 prejudicial 편견의 윤 bias
어원 pre(사전의)+judice(판단)

a strong prejudice 강한 편견
I have been prejudiced in your favor from the start
애당초부터 당신의 편을 들어왔습니다

0586
ranch
[ræntʃ]

몡 대목장

live on a ranch 목장에서 살다
a chicken ranch 양계장
We breed horses and sheep on the ranch
우리는 목장에서 말과 양을 사육한다

0587
respectful
[rispéktfəl]

혱 경의를 표하는 통 respect 존경하다 밴 disrespectful 무례한
어원 respect(존경)+-ful(…이 가득한)

be respectful of tradition 전통을 존중하다
The crowd stood at a respectful distance from the King
군중은 국왕으로부터 경의를 표하면 멀리 떨어져 서 있었다

0588
lava
[lɑ́:və]

몡 용암

a lava bed 용암층
Hardened lava is called 'lava rock'. 굳은 용암은 '화산암'이라고 불린다.
A volcano erupted and spewed lava 화산이 분화하여 용암이 분출했다

CROSS WORD QUIZ

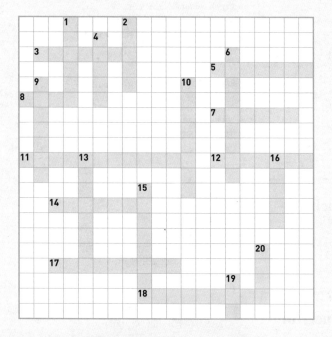

across

3 앞으로   you move or look in a direction that is in front of you.
5 정복하다, 이기다   overcoming difficulties in a very difficult place, such as a high mountain
7 독특한, 유일무이한 Excellent enough to be incomparable to anything else
8 구부러진, 휜   lean to one side
11 독립   to not belong to or depend on others
12 맞이하다, 환영하다 Greeting those who come with joy
14 특색, 특징   Particularly noticeable compared to others
17 종업원, 안내원   Someone on a guiding mission
18 증발하다, 사라지다 A substance changes from a liquid state to a gaseous state

down

1 대본
2 진흙투성, 진창
4 시장
6 자원봉사자
9 천장
10 미끄러운
13 쾌적한, 즐거운
15 음료
16 일어나다, 발생하다
19 지불하다, 내다
20 닦다

0589

maze
[meiz]

명 미로, 미궁 형 mazy 미로 같은, 복잡한 유 confusion, complex

a maze of downtown streets 미로 같은 시내 거리
A note was written at the end of the maze
미로의 끝에 쪽지가 쓰여 있었다

0590

muddy
[mʌdi]

형 진흙의 유 swampy

muddy color 칙칙한 빛깔
a muddy road 진흙 길
My boots got muddy 내 구두가 진흙 투성이가 됐다

0591

curriculum
[kəríkjuləm]

명 교육 과정 형 curricular 교육 과정의

curriculum vitae 이력서, 경력서, 이력
a school curriculum 학교 교과 과정
The curriculum should not be swayed by politics
교과과정이 정치에 휘둘려선 안됩니다

0592

destruction
[distrʌkʃən]

명 파괴 형 destructive 파괴적인 반 construction 건설

mass destruction 대량 파괴
Greed is the destruction of all 욕심은 파멸의 원인이다

0593

excel
[iksél]

동 능가하다, 우수하다 형 excellent 우수한 유 be superior to

excel in English 영어에서 뛰어나다
She was excellent at everything 그녀는 모든 것에 뛰어났다

0594

analyze
[ǽnəlàiz]

동 분석하다 명 analysis 분석

analyze increasing amounts of information 늘어나는 양의 정보를 분석하다
analyze data 자료를 분석하다
I analyzed the market data before thinking of a product
상품을 개발하기 전에 시장자료를 분석했습니다

0595

causal
[kɔ́:zəl]

형 인과 관계의 부 causally 원인이 되어

a causal factor 요인
a causal relationship 인과 관계
Icy roads are a causal factor in auto accidents
빙판길은 교통사고의 원인이 된다

0596

lawn
[lɔ:n]

명 잔디밭

lawn party(미) 가든 파티 ((영) garden party)
a public lawn 잔디 광장
She was outside listening to music while he mowed the lawn
그가 잔디를 깎는 동안 그녀는 밖에서 음악을 들었습니다

0597

mechanic
[məkǽnik]

명 정비사

dental mechanic 치과 기공사(dental technician)
an airplane mechanic 비행기 수리공
Once he worked as an airplane mechanic
한때 그는 비행기 정비사로 일했다

0598

option
[ápʃən]

명 선택, 옵션 형 optional 선택적인 유 choice

1. option 선택할 수 있는
2. choice 선택 행위를 나타내는 것
have the option to+동사 ~할 선택을 가지고 있다
You have the option of going on to college
당신은 대학에 진학할 수 있는 선택권이 있어요

0599

achieve
[ətʃíːv]

통 성취하다, 이루다 명 achievement 성취 유 accomplish, fulfill
어원 a(…에 까지(이르다))+chieve(머리)

achieve one's aim 목적을 달성하다
achieve a victory 승리를 이루다
I did my best to achieve my goal
나는 내 목표를 이루기 위해 최선을 다했다

0600

attendant
[əténdənt]

명 참석자 통 attend 참석하다

attendant passengers 함께 탄 승객들
regular attendants 단골
Flight attendants are unhappy with the dress code
승무원들을 복장 규정에 불만이 많다

0601

conventional
[kənvénʃənl]

형 전통적인, 관습적인 명 convention 전통, 집회 유 traditional

conventional social forms 전통적인 사회적 관례
a conventional wedding 전통 혼례
He is fairly conventional in his views
그는 사물을 보는 눈이 꽤 진부하다

0602

communicate
[kəmjúːnəkèit]

통 연락하다, 의사소통하다 명 communication 의사소통
유 contact, keep in touch

communicate with ~와 의사 소통하다
Some diseases are easily communicated 몇몇 질병들은 쉽게 전염된다

0603

convince
[kənvíns]

통 확신시키다 명 convincement 확신 유 assure
어원 con(완전히)+vince(정복하다)

be convinced of ~라고 확신하다
First you have to convince yourself 자신 스스로를 납득시켜야 합니다

0604
exclusive
[iksklú:siv]

형 배제적인 동 exclude 제외하다 반 inclusive 포함한

exclusive of ~을 제외한
He gave his exclusive attention to the study of English
그는 영어공부에 전념했다

0605
destructive
[distrʌktiv]

형 파괴적인 동 destroy 파괴하다 반 constructive 건설적인

a destructive hurricane 파괴적인 폭풍
This is destructive of our trust 이것은 우리의 신뢰를 파괴한다

0606
guarantee
[gærəntí:]

동 보증하다 명 보증 유 warranty

under guarantee 보증되어, 보증 기간 중에.
guarantee one's success 성공을 보증하다
I give a guarantee to pay off my son's debt
아들의 빚을 갚을 것을   보증합니다

0607
revolver
[rivʌ́lvər]

명 연발 권총

an automatic revolver 자동 권총
be armed with a revolver 권총으로 무장하다
The revolver is loaded 그 연발 권총은 총알이 장전돼 있다

0608
smash
[smæʃ]

동 박살내다
어원 smack(탁 치다)+mash(갈아서 으깨다)

smash a window 창을 부수다
The car smashed up on the highway
그 차는 고속도로에서 박살이 났다

throughout
[θruːáut]

뷔 처음부터 끝까지 쩐 ~ 내내

travel throughout the country 전국을 두루 여행하다
throughout the year 1년 내내
The daytime high will also remain in negative territory throughout
the weekend 낮 기온도 주말 내내 대부분의 지방이 영하권을 벗어나지
못할 것으로 보인다

antique
[æntíːk]

휑 옛날의, 골동품의 앤 modern 근대의
어원 anti(이전에)+que(나타나다)→예전에 나온 것

an antique shop 골동품점
You can purchase antiques in Insadong
인사동에서 골동품을 구입할 수 있습니다

female
[fíːmeil]

휑 여자의 몡 여자 뮤 feminine

1. female 생물학적 성(性)
2. feminine 남성보다 여성의 전형적인 면.
3. effeminate 남자가 여자처럼 행동하는 경우.
the female role 여성의 역할
Seven out of the country's eight medals were won by female
athletes 여덟 개 메달 중 일곱 개는 여자 선수들이 획득한 것이다

freezer
[fríːzər]

몡 냉동고 참고 fridge 냉장고

deep freezer 급속 냉동 냉장고
With the invention of the freezer, food can be stored for a long time
냉동실의 발명으로, 음식은 오랫동안 저장될 수 있다

0613

leisure
[líːʒər]

몡 여가, 틈 혱 leisurely 느긋한, 여유 있는 윤 free time

leisure time 한가한 시간
leisure activity 여가활동
Leisure activities are necessary for a better tomorrow
여가 활동은 더 나은 내일을 위해 필요하다

0614

witch
[witʃ]

몡 마녀, 여자 마법사 윤 enchantress 뺸 wizard 남자 마법사

water witch 물 속에 사는 마녀
a white witch 좋은 일을 하는 마녀
It's not easy to find a good witch in a story
이야기에서 착한 마녀를 찾는 것은 쉽지 않다

0615

affect
[əfékt]

통 영향을 미치다 몡 affection 애정

ill-affect 나쁜 영향을 미치다
During economic downturns, the majority of the general public is harshly affected
경기 불황 때, 국민 대부분은 상당한 타격을 받는다

0616

awkward
[ɔ́ːkwərd]

혱 어색한, 서투른 윤 clumsy
어원 awk(절대)+ward(방향으로)

an awkward walk 어색한 걸음걸이
an awkward silence 어색한 침묵
There were many awkward expressions because of my poor English
영어가 서툴러서 어색한 표현이 많았습니다

0617

heritage
[héritidʒ]

몡 상속 재산, 유산 윤 inheritance
어원 herit(상속인)+age(것)→이어받은 것

a national heritage 국민적 유산
cultural heritage 문화 유산
There are many places designated as cultural heritages in Seoul
서울에는 문화유산으로 지정된 곳이 많다

instrument
[ínstrəmənt]

명 기계, 도구 **형** instrumental 기계의 **유** tool
어원 in(위에)+struere(쌓아 올리다)+ment(것)

a musical instrument 악기
The factory was instrumented with new equipment
그 공장은 새로운 설비를 갖추고 있었다

lend
[lend]

동 빌려주다 **반** borrow 빌리다

lend support[assistance] to …을 원조하다
lend money on security 저당을 잡고 돈을 빌려주다
The bank wouldn't lend him the money to buy the car
은행은 그에게 차 구입비를 대출해 주지 않았다

apart
[əpá:rt]

부 떨어져, 별개로 **유** separately
어원 a(…으로)+part(부분)→한쪽에

live apart from …과 별거하다
apart from ~과는 별개로, ~은 그렇다 치고
How far apart are they? 그들은 얼마나 떨어져 있나요?

bet
[bet]

동 내기를 걸다 **유** gamble

best bet 가장 확실한 수단
You bet! 틀림없다!
The British people love to bet on any game
영국 사람들은 어떤 게임에도 베팅하는 것을 좋아한다

colorful
[kʌlərfəl]

형 다채로운, 화려한

a colorful career 파란만장한 인생
colorful flowers 다채로운 꽃들
The garden is colorful in flower colors 그 정원은 꽃색으로 화려하다

0623

friendship
[fréndʃip]

몡 우정
어원 friend(친구(의))+ship(상태)

break up a friendship 우정을 깨다, 절교하다
the friendship between us 우리들 사이의 우정
Our friendship does not break easily 우리의 우정은 쉽게 깨지지 않는다

0624

highlight
[haiˈlaiˌt]

몡 가장 중요한 부분, 하이라이트

the highlight of a movie 영화의 하이라이트
The highlight of the trip was a limousine tour of the city
여행의 하이라이트는 도시 리무진 투어였어요

0625

popular
[pápjulər]

혱 인기 있는 몡 popularity 인기
어원 popul(사람들)+ar(…의)→민중의

quite popular 꽤 인기있는
be popular with ~에게 인기 있다
Jeju Island is popular not only in Korea but all over the world
제주도는 한국뿐만 아니라 전 세계적으로도 인기 있는 여행지이다

0626

bill
[bil]

몡 청구서, 계산서

true bill 거짓이 없는 주장
a doctor's bill 치료비
When I receive a card bill, I have a lot of regrets
카드 청구서를 받으면 후회가 많습니다

0627

burst
[bəːrst]

통 터지다, 폭발하다 몡 폭발 윤 explode

burst into fragments 파열해서 산산조각이 나다
burst into tears 갑자기 울음을 터뜨리다
He was bursting with happiness 그는 행복에 넘쳐 있다

chance
[tʃæns]

명 기회 **㈜** opportunity

a lucky chance 행운
by chance 우연히
She chanced on the ring she had lost
그녀는 잃어버린 반지를 우연히 발견했다

mend
[mend]

동 고치다 **명** 수선 **㈜** repair, fix

mend one's manners[ways] 태도를 고치다
mend shoes 신발을 수선하다
I don't think that would mend the rift between them
나는 그것이 그들 사이의 불화를 개선시킬 것이라고 생각하지 않는다

popularity
[pɑ̀pjulǽrəti]

명 인기 **형** popular 인기 있는 **참고** population 인구

huge popularity 1. 큰 인기 2. 대중의 큰 사랑
poll for popularity 인기 투표를 하다
They used to be a popular idol group
그들은 인기 있는 아이돌 그룹이었다

protein
[próuti:n]

명 단백질

a high-protein diet 고단백 식사.
taking protein 단백질 섭취
Fiber and protein intake from school meals should be at least 30%
학교 급식의 섬유질과 단백질 섭취는 최소한 30%가 되어야 한다

enemy
[énəmi]

명 적 **어원** in(…이 아닌)+emy(친구)

a natural enemy 천적
make an enemy of ~의 반감을 사다
When the natural enemy disappears, the ecosystem collapses
천적이 사라지면 생태계가 무너진다

exhibit
[igzíbit]

[통] 전시하다 [명] 전시(품) [명] exhibition 전시 [유] show
[어원] ex(바깥으로)+hibit(가지다)→제출하다

1. exhibit 잘 보이도록 전시하는 것.
2. manifest 뚜렷이 보이게 하는 것
exhibit one's papers[ticket] 서류[표]를 내보이다
on exhibit 진열되어
The exhibition was held at the British Museum
그 전시회는 대영 박물관에서 열렸다

frighten
[fráitn]

[통] 깜짝 놀라게 하다 [명] fright 공포 [유] scare
[어원] fright(두려움)+-en(…로 만들다[되다])

1. frighten 갑작스럽게 놀라게 하다
2. alarm 위기감·경계심
3. scare 겁나서 평정과 위엄을 잃게 하다
4. terrify 공포를 주다
frighten away ~을 겁을 주어 쫓아내다
frighten a cat away 고양이를 놀라게 하여 쫓다
I was frightened of the dog 나는 그 개가 두려웠다

wooden
[wúdn]

[형] 나무로 만든 [명] wood 목재
[어원] wood(나무)+-en(…로 만든, …같이 보이는)

a wooden gait 어색한 걸음걸이
a wooden chair 나무로 만든 의자
Pinocchio is a wooden doll that wants to be human
피노키오는 인간이 되고 싶어하는 나무 인형이다

appear
[əpíər]

[통] 나타나다, 나오다 [명] appearance 출현 [반] disappear 사라지다
[어원] ap(…의 눈앞에)+pear(모습을 드러내다)

appear in sight 보이게 되다
appear on an information page 정보 페이지에 나오다
His picture appears in the paper 그의 사진이 신문에 실렸다

0637

committee
[kəmíti]

명 위원회 유 board 어원 committ(맡기다)+ee(사람)

advisory committee 자문 위원회
a standing committee 상임위원회
I decided to organize a student advisory committee
학생 자문위원회를 조직하기로 결정했다

0638

interchange
[iˌntərtʃeiˈndʒ]

동 교환하다, 주고받다 명 교환
어원 inter-(상호간에)+change(바꾸다)

interchange opinions 의견을 교환하다
We interchanged goods and money 우리는 상품과 돈을 교환했습니다

0639

possession
[pəzéʃən]

명 소유, 영토, (pl.) 재산 동 possess 소유하다 유 property

a man of great possessions 막대한 재산가.
in possession of ~을 소유하여
He came to possess a large fortune during the war
그는 전쟁 중 많은 재산을 소유하게 되었다

0640

provide
[prəváid]

동 제공하다 유 supply
어원 pro(앞을)+vide(보다)→준비하다

provide A with B A에게 B를 공급하다
Most animals provide food for their young
대부분의 동물들은 그들의 새끼들에게 먹이를 준다

0641

charge
[tʃaːrdʒ]

동 청구하다, 책임을 지우다 명 청구액, 책임

in charge of ·· 1. ···을 관리하고 있는 2. ···에게 관리 받고 있는
without charge 무상으로
Charge for the cost of goods used in the event
그 행사에 사용된 물품의 비용을 청구하다

CROSS WORD QUIZ

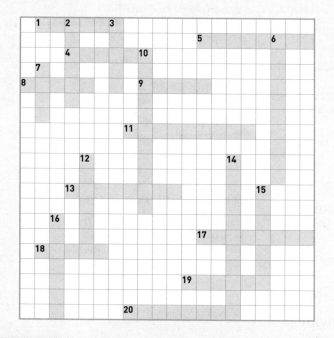

across	down	
1 가능성, 기회	2 영향을 미치다	The effect of the action of one thing on another
4 친구	3 적, 적군	An opponent who wants to fight or harm each other.
5 다채로운	6 교우, 우정	feelings between friends
8 마녀	7 고지서, 청구서	Documentation of what you are claiming
9 박살내다	10 파괴적인	Trying to disrupt or destroy organizations, order, relationships, etc.
11 굳은약속, 보증	12 냉동고	Where food is kept at a low temperature.
13 권총		
17 납득, 확신시키다	14 의사소통, 연락을 주고받다	The thoughts and meanings you have are mutual
18 떨어져, 조각조각		
19 사로잡다, 고용하다	15 골동품	Old or rare items of old.
20 (국가,사회의)유산	16 인기있는	High public interest or favorite.

0642

continue
[kəntínjuː]

[통] 계속하다 [형] continuing 연속적인 [유] keep on
[어원] con(함께)+tinue(보전되다)→계속되다

1. continue 끊이지 않고 계속
2. last 일정 기간 지속
3. endure 견디는 것
4. abide 인내력
5. persist 지속·존속
continue with A A를 계속하다
to be continued 다음에 계속
The cold weather continued for three weeks
추운 날씨가 3주일이나 계속되었다

0643

engagement
[ingéidʒmənt]

[명] 약속, 약혼 [통] engage 약속하다, 약혼하다

be under engagement 계약되어 있다
a previous engagement 선약
I'm sorry but I have a previous engagement for Saturday
미안하지만 난 토요일에 선약이 있습니다

0644

traditional
[trədíʃənl]

[형] 전통적인 [명] tradition 전통

non traditional 비전통적인, 비관습적인, 종래와는 다른
a traditional dance 전통 무용
Hanbok is a traditional Korean costume
한복은 한국의 전통 의상입니다

0645

usual
[júːʒuəl, -ʒwəl]

[형] 평소의, 보통의 [반] unusual 별난, 이상한

1. usual 경험에 비추어 종종 일어나는 것
2. customary 일반적 관례나 개인의 습관
3. habitual 성격의 일부가 될 정도로 고정
be busier than usual 여느 때보다 바쁘다
He is usually late 그는 보통 늦는다

0646

blank
[blæŋk]

몡 빈칸 혱 빈칸의, 텅 빈 윤 empty

a blank mind 텅 빈 마음
fill out a blank 빈칸을 기입하다
He looked blank 그는 멍청해 보였다

0647

charity
[tʃǽrəti]

몡 자선, 사랑 혱 charitable 자선의, 자비로운

perform many charities 많은 자선 사업을 하다.
faith, hope, and charity 믿음, 소망, 사랑
Many businesses are doing charity work
많은 기업들이 자선 사업을 하고 있다

0648

funeral
[fjúːnərəl]

몡 장례식 참고 burial 매장

1. funeral 의식적인 것·예식을 가리킴
2. funereal 장례에 따르는 슬픈 기운
attend a funeral 장례식에 참석하다
funeral train 장례 행렬
Every time I attend a funeral, I look back on myself
장례식에 참석할 때마다, 저는 제 자신을 돌아봅니다

0649

graduation
[grædʒuéiʃən]

몡 졸업 동 graduate 졸업하다

receive a graduation certificate 졸업장을 타다
a graduation ceremony 졸업식
At the graduation ceremony, I shed tears because I broke up with
my friends 졸업식에서 친구들과 헤어져서 눈물을 흘렸다

0650

invade
[invéid]

동 침략하다 몡 invasion 침략 빤 defend 방어하다
어원 in(중간에)+vade(가다)

invade the rights of others 남의 권리를 침해하다
invade a country 나라를 침략하다
The town was invaded by a crowd of tourists
그 도시에 많은 관광객이 밀어닥쳤다

0651
bless
[bles]

통 축복하다 반 curse 욕하다, 저주하다; 저주

Bless you! 신의 가호가 있기를!
bless with ~의 축복을 베풀다
Everyone has blessed our marriage
모두가 우리의 결혼을 축복해 주었다

0652
develop
[divéləp]

통 발달시키다, 개발하다 명 development 발달 유 grow
어원 dis(반대)+velop (포장하다)→포장을 풀다

develop one's muscles 근육을 발달시키다
Her influenza developed into pneumonia
그녀의 독감은 악화해서 폐렴이 되었다

0653
enjoyable
[indʒɔ́iəbl]

형 유쾌한, 즐거운 통 enjoy 즐기다 유 delightful

have an enjoyable stay 즐겁게 머무르다
an enjoyable experience 즐거운 경험
I have found this most enjoyable
나는 이것이 가장 즐겁다는 것을 알았다

0654
sensible
[sénsəbl]

형 분별 있는, 현명한 부 sensibly 현명하게 유 wise

be sensible to do …하는 것은 현명하다
a sensible decision 현명한 결정
You have to be sensible as you grow up
자라면서 분별력 있는 행동을 하여야 한다

0656
sore
[sɔːr]

형 아픈 유 sick

feel sore all over 온 몸이 아프다
a sore spot 약점
I am sore from hiking all-day 하루 종일 등산해서 몸이 아프다

0657

suggest
[səgdʒést]

통 제안하다 명 suggestion 제안 유 propose
어원 sub(아래에서)+gest(운반된)

suggest -ing ~을 제안하다
He suggested which way I should go
그는 내가 어느 길로 가야 할지 제안했다

0658

enough
[inʌf]

형 충분한 명 충분한 양 유 sufficient

I've had quite enough. 충분히 먹었습니다
enough money 충분한 돈
He made enough sandwiches for ten people
그는 10명에게 제공하기에 충분한 양의 샌드위치를 만들었다

0659

grand
[grænd]

형 웅대한, 화려한 유 magnificent

grand final 최종경기
a grand opening ceremony 화려한 개막식
The winner will be determined in the grand final match
우승자는 최종 결승전에서 결정된다

0660

invitation
[ìnvitéiʃən]

명 초대, 초대장 통 invite 초대하다

send out invitations 초청장을 발송하다
by invitation of ~의 초대로
You can't enter unless you have an invitation
초대장이 없으면 들어갈 수 없습니다

0661

dangerous
[déindʒərəs]

형 위험한 명 danger 위험 반 safe 안전한

dangerous to one's health 건강에 좋지 않은
potentially dangerous 잠재적으로 위험한, 위험 가능성이 있는
The road to the destination is very dangerous
목적지까지 가는 길은 매우 위험하다

0662

dig
[dig]

통 파다

dig up the truth 진실을 알아내다
dig ‥ over / dig over ‥ 파서 찾다 / …을 고쳐 생각하다
The villagers started digging a well
마을 사람들은 우물을 파기 시작했다

0663

gain
[gein]

통 얻다 유 get, earn

nothing to gain 얻을 것이 없음
gain time 1. 빨리 가다 2. 시간을 벌다
I haven't gained anything from this investment
이번 투자로 나는 얻은 것이 없다

0664

surprisingly
[sərpráiziŋli]

부 놀랍게도 형 surprising 놀라운 유 amazingly

not surprisingly 놀라울 것 없이, 당연하게도
at a surprisingly fast pace 놀라울 정도로 빠른 속도로
His voice was surprisingly calm
그의 목소리는 놀랄 정도로 차분했다

0665

tame
[teim]

통 길들이다 형 길든 유 domesticate

tame a wild horse 야생마를 길들이다
a tame cat 집고양이; (비유) 아낌을 받는 호인
I sent my dog to a training camp to tame it
나는 강아지를 길들이기 위해 훈련소에 보냈다

0666

typical
[típikəl]

형 전형적인 부 typically 전형적으로

the typical businessman 전형적인 실업가
a person's typical walk 그 사람의 독특한 걸음걸이
The weather at the moment is not typical for May
현재의 날씨는 전형적인 5월 날씨가 아니다

0667

deadline
[deˈdlaiˌn]

명 최종 기한, 마감 시간 유 finishing time

deadline for ~에 대한 최종 기한
application deadline date 원서 마감일
I managed to meet the deadline 나는 간신히 마감일을 맞출 수 있었다

0668

dimension
[daɪmenʃn]

명 차원 형 dimensional 차원의
어원 di(떨어져)+metiri(측량하다)+sion(것)

three dimensions 3차원
the dimensions of the problem 문제의 중요성
She must have been in another dimension
그녀는 제 정신이 아니었던 게 틀림없다

0669

earn
[əːrn]

동 (돈을) 벌다, 얻다 반 spend (돈을) 쓰다

earn a living 생계를 유지하다
earn one's keep 어떤 장소에 기거하는 대가로 일하다
If she got a work visa, she could earn money
그녀가 취업 비자를 얻는다면 그녀는 돈을 벌 수 있다

0670

shepherd
[ʃépərd]

명 양치기, 목동 어원 sheep(양)+herd(무리)

shepherd the flock 양 떼를 지키다
sheep without a shepherd 오합지졸
The shepherd protected the sheep from the wolf
양치기는 늑대로부터 양을 보호했다

0671

specific
[spisífik]

형 구체적인 유 particular, detailed

specific information 구체적인 정보
a way of life specific to Korea 한국 특유의 생활 양식
Her charge was to obtain specific information
그녀의 임무는 특수한 정보를 입수하는 것이었다

survey
[sərvéi]

명 조사

a survey of TV viewers TV 시청자 조사
comprehensive survey 종합적인 조사
The survey has a margin of error of 3.5%
그 조사는 오차 범위가 3.5%이다

count
[kaunt]

통 세다

count down 카운트 다운하다
count on[upon] ·· 1. …을 의지하다 2. 기대하다
He can count up to 10 in Italian 그는 이탈리아어로 열까지 셀 줄 안다

fold
[fould]

통 접다 **형** foldable 접을 수 있는

with one's arms folded 팔짱을 끼고
fold ·· in 1. 가만가만 섞어 넣다 2. 천천히 섞어 넣다
Fold in salt and onion 소금과 양파를 넣고 섞는다

gardener
[gáːrdnər]

명 정원사, 원예가 **유** landscaper

a skilled gardener 숙련된 정원사
kitchen gardener 채소 재배자
She was a very good gardener 그녀는 매우 유능한 정원사였다

shortcut
[ʃɔ́ːrtkəˌt]

명 지름길, 최단노선

take a shortcut 지름길을 택하다
shortcut key input 단축 키 입력
Show me a shortcut to the school 학교로 가는 지름길을 가르쳐 주세요

0677

speechless
[spíːtʃlis]

图 말문이 막힌 图 speechlessly 말문이 막히게
become speechless 말문이 막히게 되다

in speechless wonder 기막혀서
speechless with anger 분노로 말문이 막힌
Lina was speechless with rage 리나는 격분하여 말을 못 했다

0678

task
[tæsk]

图 일, 업무 图 work

a task force 대책 위원회, 특별 전문 위원회
be at one's task 일을 하고 있다
He's set a difficult task for himself 그는 스스로 어려운 일을 해냈다

0679

brag
[bræg]

图 자랑하다, 허풍떨다 图 boast

brag/brag + [전치사] + [명사] [···을] 자랑하다
play a game of brag 허풍을 떨다
She made a great brag of it 그녀는 그것이 큰 자랑이다

0680

debate
[dibéit]

图 토론 图 토론하다 图 discussion
어원 de(완전히) + bate(치다) → 싸우다

debate a question 문제에 대해 토론하다
a political debate 정치적인 토론
The inconclusive debate continued
결론이 나지 않는 토론은 계속되었다

0681

dinosaur
[dáinəsɔ̀ːr]

图 공룡
기본 dinosaur 복수 dinosaurs

dinosaur national monument 국립 공룡 화석 유적지
dinosaur bones 공룡 뼈
Most children like dinosaurs 대부분의 아이들은 공룡을 좋아한다

0682

manager
[mǽnidʒər]

명 지배인, 경영자　**동** manage 관리하다　**기본** manager **복수** managers

a sales manager 영업부장
fund manager 펀드 매니저, 투자 담당자
The role of celebrity managers is growing
연예인 매니저의 역할이 커지고 있다

0683

moreover
[mɔːróuvər]

부 게다가　**유** furthermore

게다가, 더욱이, 더구나(further, besides)
He is a fool, moreover a coward 그는 바보인 데다가 겁쟁이이기도 하다
The day was hot, and moreover it was raining
그날은 더웠고 게다가 비까지 오고 있었다

0684

overweight
[ouˌvərweiˈt]

형 중량 초과의, 과체중의　**명** 중량 초과, 과체중
비교급 more overweight　**최상급** most overweight

an overweight load 중량초과의 짐
a ship overweighted with cargo 짐을 너무 많이 실은 배
He considers himself to be overweight
그는 자신이 뚱뚱하다고 생각한다

0685

already
[ɔːlrédi]

부 이미, 벌써
어원 al(완전히)+ready(준비되어)

for reasons already stated 이미 언급한 이유 때문에
She was already gone when I arrived
내가 도착했을 때 그녀는 이미 떠나고 없었다

0686

athlete
[ǽθliːt]

명 운동선수　**형** athletic 경기의　**유** player

an amateur athlete 아마추어 선수
applaud the athlete 운동 선수에게 박수갈채를 보내다
The young boy is regarded as a promising athlete
그 어린 소년은 유망한 선수로 주목받고 있다

0687

bandage
[bǽndidʒ]

명 붕대 윤 dressing

apply a bandage to ~에게 붕대를 감다
bandage a person's leg ~의 다리에 붕대를 감다
The doctor wrapped her leg in a bandage
의사 선생님이 그녀의 다리에 붕대를 감았다

0688

faithful
[féiθfəl]

형 충실한 명 faith 신뢰 윤 loyal

be faithful to ~에 충실하다
a faithful account of the accident 사고의 정확한 기사
The dog is smart and faithful 그 개는 영리하고 충직하다

0689

happen
[hǽpən]

통 일어나다 윤 occur 어원 hap(우연)+en(…하다)

happen on a person 우연히 남과 맞닥뜨리다
make it happen 성사시키다, 실현하다, 형성
We happened to meet while cheering for the same team on the field
우리는 경기장에서 같은 팀을 응원하다가 우연히 만났다

0690

nowadays
[náuədèiz]

부 요즈음에 명 요즈음 윤 these days
어원 now(지금)+a(…에)+day(날(日))+s(부사형 어미)

the manners of nowadays 현대 풍속
He tended to sleep lightly nowadays
그는 요즘에는 잠을 깊이 잠들지 못하는 경향이 있었다

0691

signal
[sígnəl]

명 신호, 암호 윤 cue

without any signal 아무런 신호 없이
Fainting is a signal of ill-health 현기증은 병의 징조다
Did you signal before you turned left?
당신은 좌회전을 하기 전에 신호를 보냈습니까?

0692

spill
[spil]

동 엎지르다 명 엎지름

spill all over ~에 온통 엎지르다
spill the beans 1. 무심코 비밀을 누설하다 2. 입을 잘못 놀리다
spill salt 소금을 엎다
The oil spill killed much fish 기름 유출로 많은 물고기들이 죽었다

0693

alter
[ɔ́ːltər]

동 변경하다 유 change

alter for the better 개선하다
alter a dress 드레스를 몸에 맞게 고치다
Prices did not alter significantly during 2 years
2년동안 물가가 큰 변동이 없었다

0694

marriage
[mǽridʒ]

명 결혼 동 marry ~와 결혼하다 반 divorce 이혼
어원 라틴어 maritatus(maritatre(결혼하다)의 과거분사)→남편과
부인이 되는 조건, 상태

have a happy[an unhappy] marriage 행복한[불행한] 결혼 생활을 보내다
Their marriage was dissolved in 2021
그들의 결혼 생활은 2021년에 끝났다

0695

motion
[móuʃən]

명 동작, 몸짓, 운동 형 motional 운동의 유 movement
어원 move(움직이다)+tion(것)

make a motion 몸짓으로 알리다
the laws of motion 운동의 법칙
I took a picture of the moving motion 나는 그 동작을 사진으로 찍었다

0696

paste
[peist]

동 풀로 붙이다 명 풀 형 pasty 풀 같은 유 glue

paste two pieces 두 조각을 풀로 붙이다
soybean paste 된장
He mixed the flour and water into a smooth paste
그는 밀가루와 물을 골고루 섞어 반죽을 만들었다

CROSS WORD QUIZ

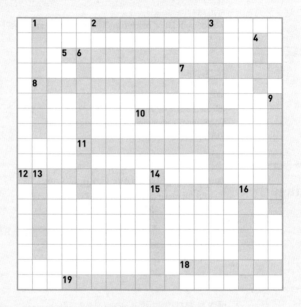

across	down	
2 위험한	1 공룡	A word that extends throughout the great reptile that lived long ago.
5 요즘은	3 놀랍게도	to suddenly fall into a state of fear or excitement
7 전형적인	4 자랑하다	say openly that a person deserves praise
8 말문이막힌	6 중량초과	The Weight that weighs too much compared to standards or standards
10 제안하다		
11 초대하다	9 게다가	And on top of that
12 양치기	13 일이 일어나다	Unplanned things come about
15 즐거운	14 최종, 마감	Time set to wrap up and finish work.
17 운동선수	16 붕대	Disinfecting cloth wrapped around wounds or boils
18 지배인, 경영자		
19 정원사		

version
[vɔ́ːrʒən]

명 변형, 번역, 각색, 버전

the English version of the original 원작의 영어 번역본
updated version 최신 버전
She asked to see the amended version
그녀는 수정본을 보여 달라고 요청했다

weakness
[wíːknis]

명 허약, 약점 **형** weak 약한

overcome one's weakness 약점을 극복하다
have no weaknesses 약점이 없다
She thought that crying was a sign of weakness
그녀는 우는 것은 나약함의 표시라고 생각했다

attempt
[ətémpt]

동 시도하다 **명** 시도 **유** try
어원 at(…을)+tempt(시도하다)

attempt to solve a problem 문제를 풀려고 시도하다
attempt an escape[= to escape] 탈출을 시도하다
I failed in my attempt to persuade him
나는 그를 설득하려던 시도에 실패했다

education
[èdʒukéiʃən]

명 교육 **형** educational 교육의

1. education 일반적인 지능·지혜의 계발·강화.
2. training 감독자 밑에서 기술 등을 실습
public education 공교육
Only education can further develop our lives
오직 교육만이 우리이 삶을 더욱 발전시킬 수 있다

03

고등 기초 단어
400

0701

famous
[féiməs]

[형] 유명한 [유] well-known

famous for ~으로 유명한
world famous 세계적으로 유명한
The village is famous for its cathedral 그 마을은 성당으로 유명하다

0702

gender
[dʒéndər]

[명] 성, 성별

gender discrimination 성차별
gender-neutral 남녀의 구별이 없는
The school divided classes by gender
그 학교는 성별에 따라 반을 나누었다

0703

abnormal
[æbnɔ́ːrməl]

[형] 비정상의 [명] abnormality 비정상적인 것 [반] normal 정상의

abnormal behavior 이상 행동
abnormal circulation 원활하지 못한 혈액 순환
The low temperatures are abnormal for this time of year
일년 중 이맘때 온도가 낮은 건 이상한 일이다

0704

advise
[ædváiz]

[동] 충고하다, 조언하다 [명] advice 충고, 조언 [유] recommend

wouldn't advise 말리다
be well advised to do …하는 것이 좋다
My mother always advised me to be careful when driving
어머니는 항상 운전할 때 조심하라고 조언하셨어요

0705

beard
[biərd]

[명] 턱수염

grow a beard 수염을 기르다
shave off one's beard 턱수염을 깎다
Willy decided to shave off his beard
윌리는 그의 턱수염을 밀어 버리기로 결심했다

entertainment
[èntərtéinmənt]

명 환대, 오락, 연회 **동** entertain 환대하다, 즐겁게 하다 **유** amusement

give entertainment to ~을 환대하다
entertainment agency 연예기획사, 엔터테인먼트
Today will be remembered as an important day in the entertainment industry 오늘은 연예계에서 중요한 날로 기억될 것이다

extend
[iksténd]

동 뻗다, 넓히다 **명** extension 확장 **유** stretch
어원 ex(바깥으로)+tend(늘이다, 퍼지다)

extend one's business 사업을 확장하다
extend one's hotel reservation 호텔의 예약을 연장하다
The company plans to extend its operations into Asia
우리회사에서 사업을 아시아로 확대할 계획을 하고 있다

misunderstand
[mìˌsəndərstæ'nd]

동 오해하다 **명** misunderstanding 오해
어원 mis(잘못)+understand(이해하다)

misunderstand a gesture 몸짓을 오해하다
I was worried that you might misunderstand after reading the article
나는 당신이 기사를 읽고 오해할까 봐 걱정했어요

remarkable
[rimá:rkəbl]

형 현저한, 주목할 만한 **부** remarkably 현저하게 **유** extraordinary

remarkable progress 현저한 진보
leave behind remarkable achievements 큰 업적을 남기다
He has a remarkable inner strength 그는 놀라운 정신력을 지녔다

sociology
[sòusiálədʒi]

명 사회학 **참고** social studies 사회 (과목)
어원 socio(사회의)+logy(학문)

She wanted to be a sociology professor
그녀는 사회학과 교수가 되고 싶었다

steam
[sti:m]

명 증기 **형** steamy 증기의

by steam 증기로
The pot began to steam on the burner
주전자가 버너 위에서 김을 내기 시작했다

fortress
[fɔ́:rtris]

명 요새 **유** castle

occupy the fortress 요새를 점령하다
take a fortress by assault 급습하여 공략하다
The fortress defied every attack 그 요새는 모든 공격을 물리쳤다

harbor
[háːrbər]

명 항구
어원 har(군대의)+bor(피난소)

a harbor of refuge 피난항
give harbor to a fugitive 도주범을 숨겨주다
The harbor lights began to show 항구의 불빛이 보이기 시작했다

notice
[nóutis]

통 주의하다, 알아채다 **명** 주의, 통지 **형** noticeable 눈에 띄는
유 attention

without notice 예고 없이
Be grateful for a person's notice 남의 호의를 고맙게 여기다

beg
[beg]

통 간청하다, 빌다 **유** implore

beg for money 돈을 구걸하다
beg off 변명하여 사절하다
They begged for another chance and asked for more votes
그들은 또 다른 기회를 구걸했고, 표를 요구했다

0716

calculate
[kǽlkjulèit]

[동] 계산하다 [명] calculation 계산 [유] estimate

calculate the distance 거리를 재다
calculate the cost of a journey 여비를 계산하다
Computers calculate faster than people
컴퓨터는 사람보다 더 빨리 계산한다

0717

clarity
[klǽrəti]

[명] 명료, 명확 [유] lucidity

clarity of writing 글의 명료성
principle of clarity 명료성
The writing is well written with clarity 그 글은 명료하게 잘 쓰여 있다

0718

nuclear
[njú:kliər]

[형] 핵의 [명] nucleus 핵

a nuclear war 핵전쟁
a nuclear power station 원자력 발전소
We need to get away from nuclear energy for safety
우리는 안전을 위해 핵에너지에서 벗어날 필요가 있다

0719

participate
[pa:rtísəpèit]

[동] 참여하다 [명] participation 참가 [유] take part
[어원] part(부분)+cip(취하다)+ate(…하다)

participate in a debate 토론에 참여하다
He wants to participate in the Olympics
그는 올림픽에 참가하기를 원한다

0720

pottery
[pɑ́təri]

[명] 도자기 [유] china

a pottery workshop 도자기 작업장
ceramic pottery industry 제도업
The pottery had been signed with her name
그 도자기에는 그녀의 이름이 새겨져 있었다

0721

criticism
[krítəsìzm]

명 비판 통 criticize 비판하다

take heavy criticism for ~로 인해 가혹한 비판을 받다
The congressman was criticized by the public for his preferential treatment
그 국회의원은 특혜로 국민들에게 비난을 받았다

0722

discrimination
[diskrìmənéiʃən]

명 차별, 식별 통 discriminate 차별하다 유 distinction

without discrimination 차별 없이
sexual discrimination 성차별, 남녀차별
We want a world without discrimination
우리는 차별 없는 세상을 원합니다

0723

dynamic
[dainǽmik]

형 동적인 반 static 정적인
어원 dynamo(발전기)+ic(…의)→강력한

dynamic engineering 기계공학
present a dynamic image 역동적인 이미지를 표출하다
She showed off her dynamic dancing skills
그녀는 역동적인 춤 솜씨를 선보였다

0724

scholarship
[skálərʃìp]

명 장학금

1. scholarship 대학생에게 주는 학자금
2. fellowship 대학원 학생에게 주는 연구 장학금.
receive a scholarship 장학금을 받다
offer a full scholarship ~에게 전액 장학금을 제공하다
She went to college on a scholarship 그녀는 장학금으로 대학을 다녔다

0725

solid
[sálid]

형 단단한, 고체의

solid rock 단단한 돌
a solid piece of chocolate 속이 가득한 초콜릿
This chair is made of solid oak 이 의자는 단단한 참나무로 만들어졌다

suspicious
[səspíʃəs]

형 의심스러운 동 suspect ~을 의심하다 🔁 distrustful

suspicious behavior 의심스런 행동
She was always suspicious of politicians
그녀는 항상 정치인들을 믿을 수 없다고 생각했다

---

initial
[iníʃəl]

형 처음의 동 initiate 시작하다
어원 in(안에)+iti(가다)+al(성질의)

an initial letter 첫 글자
My initial good opinion of him changed with time
그에 대한 처음의 좋은 생각이 시간이 갈수록 변했다

---

jealous
[dʒéləs]

형 질투가 많은 명 jealousy 질투 🔁 envious
어원 jeal(열의, 열심)+ous(…이 있는)

be jealous of ~을 질투하다
keep a jealous eye on …에 대해 경계하는 눈을 떼지 않다, 늘 경계하다
He's jealous of my success 그는 나의 성공을 시기한다

---

objection
[əbdʒékʃən]

명 반대 동 object 반대하다 🔁 opposition

have an objection to ~에 이의가 있다
Objection, your honor 재판장님, 이의 있습니다

---

weaken
[wíːkən]

동 약화시키다 형 weak 약한

weakened eyesight 약해진 시력
The prolonged war weakened the economy of the country
계속된 전쟁은 그 나라의 경제를 약화시켰다

0731

acceleration
[æksèləréiʃən]

图 가속, 촉진 图 accelerate 가속하다

positive acceleration 가속도
acceleration of ten miles per hour 시속 10마일의 가속
There is an acceleration on a downhill road
내리막길에서 가속이 붙는다

0732

consequence
[kánsəkwèns]

图 결과 图 result
어원 con(함께)+sequence(좇는 것)

as a consequence of ~의 결과로
His behavior will have bad consequences
그의 행동은 나쁜 결과를 초래할 것이다

0733

alert
[əlɔ́:rt]

图 경계하는, 조심하는 图 alertly 방심하지 않고, 기민하게
图 careful, watchful

be alert to+명사 ~을 경계하다
The alert driver avoided an accident 민첩한 운전자는 사고를 피했다

0734

beneath
[biní:θ]

图 아래쪽에 图 below
어원 be(…에)+neath(아래쪽)

beneath a window 창 밑에
The earth lay beneath a blanket of snow
대지는 온통 눈으로 덮여 있었다

0735

conserve
[kənsɔ́:rv]

图 보존하다 图 conservation 보존

conserve the environment 환경을 보존하다
conserve natural resources 천연 자원을 보호하다.
Conserving energy is a responsibility for the future
에너지 절약은 미래에 대한 책임이다

0736

resident
[rézədnt]

명 거주자 형 residential 주거의 ⊜ inhabitant

a foreign resident 외국인 거주자
The residents of the city protested the high taxes
그 도시의 주민은 과중한 세금에 항의했다

0737

accompany
[əkʌ́mpəni]

통 ~에 동반하다, 수반하다 형 accompanying 동반하는, 수반하는
어원 ac(…에)+company(한패)→한패로서 동행하다

be accompanied with/by ~을 동반하다
Accompany the advice with warning 충고에 경고를 덧붙이다

0738

carbohydrate
[kà:rbouháidreit]

명 탄수화물

carbohydrates such as bread 빵과 같은 탄수화물
Rice is full of carbohydrates 쌀은 탄수화물이 가득하다

0739

manufacture
[mæ̀njufǽktʃər]

통 제조하다 명 제조, 제품 형 manufacturing 제조업의
어원 manu(손(으로))+fact(만들어진)+ure(것)

of domestic manufacture 국산의
This car is of foreign manufacture 이 자동차는 수입차이다

0740

monitor
[mánətər]

명 모니터, 감시자 통 감시하다

a computer monitor 컴퓨터 모니터
The monitor caught him shoplifting
그가 가게에서 물건을 훔치는 것이 모니터에 찍혔다

0741

occupy
[ákjupài]

통 차지하다, 점령하다 명 occupation 직업, 점령
반 withdraw 물러나다 어원 oc(…에 대하여)+cup(잡다)

occupy oneself with ~에 전념하다
An old piano occupies one corner
낡은 피아노가 한쪽 구석을 차지하고 있다

0742

stride
[straid]

통 성큼성큼 걷다 명 성큼성큼 걷기

stride down the street 거리를 활보하다
stride over a narrow creek 좁은 개천을 성큼 건너다.
She appeared to take everything in stride
그녀는 모든 것을 달관한 표정이었다

0743

vacuum
[vækjuəm]

통 진공 청소기로 청소하다 명 진공

a vacuum cleaner 진공 청소기
These days, everyone buys a wireless vacuum cleaner
요즘, 모든 사람들이 무선 청소기를 삽니다

0744

sweet
[swi:t]

형 달콤한 반 bitter 쓴 참고 salty 짠

sweet stuff 단 것
I fell in love with the sweetness of strawberries
나는 딸기의 달콤함에 빠졌다

0745

disadvantage
[dìsədvǽntidʒ]

명 불이익, 불리한 점 형 disadvantageous 불리한 반 advantage 이점
어원 dis(반대)+advantage유리(한 입장)

at a disadvantage 불리한 입장에서
rumors to a person's disadvantage 남의 체면을 손상시키는 소문
He had the disadvantage of not being able to speak English
그는 영어를 못한다는 단점이 있었다

effect
[ifékt]

명 효과, 결과 **형** effective 효과적인 **유** result
어원 e(밖으로)+fect(만들다)→실행하다

cause and effect 원인과 결과
The effects of the illness were not serious
그 병은 대수롭지 않았다

fantastic
[fæntǽstik, -tikəl]

형 환상적인 **유** wonderful

a fantastic view 환상적인 경관
He won a fantastic sum of money in the casino
그는 카지노에서 엄청난 돈을 땄다

attitude
[ǽtitjùːd]

명 태도, 마음가짐
어원 atti(적합한)+tude(상태)→(몸의) 자세→심적 태도

You have to have the right attitude to agree to it
그것에 동의하기 위해서는 올바른 태도를 가져야 한다

basis
[béisis]

명 기초, 원리 **형** basic 기초의 **유** foundation

have no basis for …의 근거가 없다.
on the basis of ~에 기초하여
He works there on a voluntary basis
그는 그곳에서 자원 봉사로 일을 한다

clear
[kliər]

형 맑은, 명백한 **유** obvious

all clear 공습경보 해제
He seems quite clear on his plan 그의 계획은 아주 확실한 것 같다

CROSS WORD QUIZ

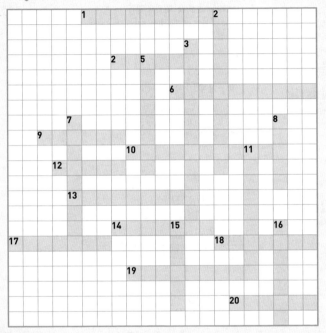

across	down	
1 의심스러운	2 장학금	Grants for students who have excellent grades but are financially challenged.
4 약화시키다	3 오락, 즐겁게하다	Cultural activities are based on entertaining many people
6 주목할만한	5 비정상의	something that is not normal
9 항구	7 비판	To blame others for their faults or faults and speak ill of them
10 참여하다		
12 증기	8 경계하는	carefully crackdown on unexpected accidents
13 계산하다	11 동반하다, 수반하다	be together when working or doing something like going down the street
14 아래쪽에		
17 역동적인	15 충고하다	to sincerely admonish a person for his faults or faults
18 질투가많은	16 감시자, 모니터	A person who watches carefully to clamp down.
19 사회학		
20 유명한		

0751

unfamiliar
[əˌnfəmiˈljər]

형 익숙하지 않은, 생소한 반 familiar 친숙한

be unfamiliar with ~을 잘 모르다
He is unfamiliar with the Korean language 그는 한국어를 잘 모른다

0752

visa
[víːzə]

명 비자, 사증

apply for a visa 비자를 신청하다
The visa is for 15 days, extendable to one month
비자는 15일간이며, 1개월까지 연장할 수 있다

0753

ancestor
[ǽnsestər, -tris]

명 조상 형 ancestral 조상의 반 descendant 후손
어원 ante(먼저)+cede(가다)+tor(사람)

ancestor worship 조상 숭배
the ancestor of the modern car 현대의 자동차의 원형
I was taught not to disgrace my ancestors
나는 조상을 욕되게 해서는 안 된다고 배웠다

0754

laughter
[lǽftər]

명 웃음 통 laugh 웃다

burst into laughter 웃음을 터뜨리다
Laughter solves everything 웃음은 모든 것을 해결한다

0755

per
[pə́ːr]

전 ~마다, ~당

per second per second 매초매초
per year 1년에
A dividend of 2,000 won per share was paid
주당 2천 원의 배당이 이루어졌다

0756

private
[práivət]

혱 사적인 빤 public 공적인

a private school 사립학교
We can be quite private here 여기는 우리만 있을 수 있다

0757

weightless
[wéitlis]

혱 무중력의

become weightless 무중력 상태가 되다
You can go and experience weightless flights
이제 여러분은 무중력 비행을 경험해 볼 수 있습니다

0758

ancient
[éinʃənt]

혱 고대의, 옛날의 뷘 anciently 옛날에는 빤 modern 현대의

an ancient civilization 고대 문명
The ancient Greeks told us that the Earth was the center of the universe
고대 그리스 인들은 지구가 우주의 중심이라고 말했다

0759

bead
[biːd]

몡 구슬 혱 beady 구슬 같은

thread beads 구슬을 꿰다
Mary wore a string of beads around her neck
메리는 구슬 목걸이를 하고 있었다

0760

genius
[dʒíːnjəs]

몡 천재 얶 라틴어 gignere(자식을 보다, 낳다), genius(수호자, 천재)

a genius in physics 물리학의 천재
have a genius for music 음악의 재능이 있다
She had a genius for making people feel at home
그녀는 사람을 편하게 해 주는 데 특별한 재능이 있었다

0761

mathematics
[mӕθəmӕtiks]

명 수학 준 math

major in mathematics 수학을 전공하다
His mathematics are not correct here 그의 계산은 이 부분이 맞지 않다

0762

percentage
[pərséntidʒ]

명 비율, 백분율

calculate the percentage 백분율을 계산하다
the percentage of risk 위험률
The percentage of adult smoking is getting lower
성인 흡연율은 점점 낮아지고 있다

0763

degree
[digríː]

명 정도, 단계
어원 de(아래로)+gree(한 걸음)

to a certain degree 어느 정도까지
Get a degree and get ready to become a lawyer
학위를 취득하고 변호사가 될 준비를 하세요

0764

disaster
[dizӕstər]

명 재해, 재난 형 disastrous 재난의, 비참한
어원 dis(떨어져)+astro((자기의) 별(을))→별에서 떨어짐

a big disaster 큰 재해
A nuclear war will bring about a great disaster
핵전쟁은 큰 재앙을 가져올 것이다

0765

evidence
[évədəns]

명 증거 형 evident 분명한, evidential 증거의 준 proof
어원 e(바깥으로)+vid(보다)+ence(것)

in evidence 눈에 띄는
There is not much evidence to decide the matter
그 문제를 결론 지을 만한 근거가 별로 없다

0766

scientific
[sàiəntífik]

형 과학적인 명 science 과학 반 unscientific 비과학적인

scientific management 과학적 경영
His approach to the problem was very scientific
그 문제에 대한 그의 접근은 매우 과학적이었다

0767

slavery
[sléivəri]

명 노예의 신분, 노예 제도 명 slave 노예 반 freedom 자유, 해방

abolish slavery 노예 제도를 폐지하다
200 years ago the problem we had to solve was slavery
200년 전 우리의 해결 과제는 노예제도였습니다

0768

admire
[ædmáiər]

동 존경하다 명 admiration 감탄, 존경 유 respect
어원 ad(…에)+mire(감탄하다)

admire for ~에 대해 감탄하다
I admire your good fortune 너의 행운은 참으로 놀랍다

0769

gesture
[dʒéstʃər]

명 몸짓, 손짓 동 몸짓[손짓]을 하다

1. gesture 몸짓·손짓
2. gesticulation 몸짓하기. 연극적인 것
3. gesticulation 추상적 몸짓
a gesture of friendship 우정의 표시
speak with gestures 몸짓으로 말하다
The driver gestured him out
운전자는 그에게 차에서 내리라는 손짓을 했다

0770

industry
[índəstri]

명 산업 형 industrial 산업의 유 business
어원 indu(속에)+stry(건립하다)→근면한 것→산업

the tourist industry 관광 산업
Poverty is a stranger to industry 근면한 사람은 가난을 모른다

0771

lead
[liːd]

동 이끌다 명 leader 지도자 반 follow 따르다

lead on 앞장서서 안내하다
lead an army 군대를 이끌다
Somebody has to take the lead, and I decided to do it
누군가는 시작해야할 문제이기에 제가 먼저 시작하기로 했습니다

0772

unlike
[ənlaiˈk]

전 ~와 다른 형 다른 명 unlikeness 다름 반 like ~와 같은; 같은

not unlike 같은
The brothers are very unlike in character 그 형제는 성격이 크게 다르다

0773

vomit
[vámit]

동 토하다 명 구토

vomit some blood 피를 토하다
The child vomited what he had eaten from the flu
그 아이는 독감으로 먹은 것을 토했다

0774

wildlife
[waiˈldlaiˌf]

명 야생생물 형 야생생물의

a wildlife park 사파리 공원.
native wildlife 토종 야생생물
Various plant and wildlife species live here
이곳에는 다양한 식물과 야생동물이 살고 있습니다

0775

favorite
[ʧéivərit]

형 마음에 드는 명 favor 친절

play favorites 특별 취급을 하다, 편애하다
a favorite singer 좋아하는 가수
My favorite kind of food is noodles 제가 좋아하는 음식은 국수입니다

freedom
[frí:dəm]

뗑 자유 휑 free 자유로운

1. freedom 의식하지 않는 것
2. liberty 국가·정부에 의한 제한으로부터의 자유
3. license 지나친 자유
freedom of speech 언론의 자유
There are lots of people who care about their freedom
그들의 자유에 대해 걱정하는 많은 사람들이 있다

receipt
[risí:t]

뗑 영수증, 수령 동 receive 받다

make out a receipt for …의 영수증을 쓰다
get a receipt 영수증을 받다
I have a habit of taking a receipt 나는 영수증을 꼭 챙기는 습관이 있다

carpenter
[ká:rpəntər]

뗑 목수 휴 woodworker

clever carpenter 솜씨 좋은 목수
a carpenter's shop 목공소
Carpenter is essential to build a house
집을 짓기 위해서는 목수는 꼭 필요하다

dissolve
[dizálv]

동 용해하다, 녹다 뗑 dissolution 용해 휴 melt
어원 dis(드문드문)+solvere(늦추다)→해방시키다

dissolve in ~에 녹다
Water dissolves salt 물은 소금을 녹인다

ecosystem
[i'kousi,stəm]

뗑 생태계

destroy an ecosystem 생태계를 파괴하다
a balanced ecosystem 균형 잡힌 생태계
Many other ecosystems on Earth are at risk
지구의 많은 다른 생태계들은 위험에 처해있다

sympathy
[símpəθi]

명 동정 **형** sympathetic 동정적인 **유** pity
어원 sym(공통으로)+pathos(느끼는 것)

feel sympathy for ~을 동정하다
She has no sympathy with the party
그녀는 그 정당에 조금도 호의를 갖고 있지 않다

---

trade
[treid]

명 무역, 교환 **동** 매매하다, 교환하다 **유** exchange

domestic[home] trade 국내 거래
protected trade 보호 무역
There is no country that does not trade 무역을 하지 않는 나라는 없다

---

carriage
[kǽridʒ]

명 마차
어원 carry(운반하다)+age(것)

ride in a carriage 마차를 타고 가다
I've never ridden a carriage 나는 마차를 타 본적이 없다

---

perhaps
[pərhǽps]

부 아마, 어쩌면 **유** maybe, possibly
어원 per(…을 통하여)+haps(우연)

Perhaps I won't see you anymore
어쩌면 더 이상 당신을 만나지 못할지도 몰라요

---

stroll
[stroul]

동 한가로이 거닐다, 산책하다 **유** walk

take for a stroll ~를 산책에 데려 가다
stroll along the beach 해변을 거닐다
Let's stroll around till the store opens
가게가 열릴 때까지 슬슬 거닐어보자

0786

valuable
[vǽljuəbl]

형 가치 있는 명 value 가치 😊 useful

1. valuable 금전적 가치가 큰
2. precious 환산할 수 없을 만큼 귀중한
3. valued 특정한 종류의 가치
a valuable thought 가치 있는 생각
This reference is valuable for my research
이 참고문헌은 나의 연구에 귀중한 것이다

0787

humanity
[hju:mǽnəti]

명 인류, 인류애 형 humanitarian 인도주의적인 😊 mankind

for the benefit of humanity 인류와 이익을 위하여
Habitat for Humanity 가난한 사람들에게 집을 지어주는 운동
There were many politicians who talked about humanity, but none of them practiced it 인류애를 이야기하는 정치인은 많았지만 실천하는 정치인은 한 명도 없었다

0788

knight
[nait]

명 기사 동 ~에게 기사 작위를 수여하다

a great knight 훌륭한 기사
He was knighted by the king 그는 왕으로부터 기사 작위를 받았다

0789

motto
[mátou]

명 좌우명, 표어, 모토 😊 saying, maxim

a family motto 가훈
The Czech chose the motto, "Europe without Barriers."
체코는 '장벽 없는 유럽'을 모토로 정했다

0790

operation
[àpəréiʃən]

명 작동, 수술 동 operate 작동하다

be in operation 시행 중이다
The plant is in full operation 그 공장은 완전 풀 가동하고 있다

contrary
[kántreri]

형 반대의 부 반대로 유 opposite
어원 contra(…에 반대하여)+ary(…의)

1. contrary 반대의
2. converse 정반대의
3. opposite (성질·결과·의미) 정반대의
contrary to ~과 반대인, ~에 어긋나는
Our sailing boat was delayed by contrary winds
우리 범선은 역풍으로 인해 일정이 지연되었다

educate
[édʒukèit]

동 교육시키다 명 education 교육
어원 e(밖으로)+duc(인도하다)+ate(…시키다)→(아이의 능력을) 이끌어
내다

be educated at a college 대학 교육을 받다
educate oneself 독학으로 공부하다
He was educated in classics at Oxford
그는 옥스퍼드 대학에서 고전 교육을 받았다

preparation
[prèpəréiʃən]

명 준비, 대비 동 prepare 준비하다, 대비하다
유 groundwork, preparing

be in preparation 준비 중이다
His mental preparation for the operation is complete
그는 수술 받을 준비가 완벽히 되어 있다

meantime
[mí:ntàim]

명 그동안

for the meantime 1. 우선 2. 당장
In the meantime 그러는 동안에
In the meantime, I thought of your vacancy
그러는 동안 당신의 빈자리가 생각났어요

0795

multiply
[mʌ́ltəplài]

툉 증가시키다, 곱하다 몡 multiplication 증가, 곱셈 뮤 increase

germs multiply 세균이 증식하다
multiply 5 by 3 5에 3을 곱하다
Children were learning to multiply and divide
아이들은 곱셈과 나눗셈을 배우고 있었다

0796

react
[riǽkt]

툉 반응하다 몡 reaction 반응 뮤 respond

react calmly 침착하게 반응을 보이다
react quickly 빠르게 반응하다
We needed to react calmly 우리는 침착하게 반응할 필요가 있었다

0797

reasonable
[ríːzənəbl]

혱 합리적인 뷔 reasonably 합리적으로 뱹 unreasonable 비합리적인

it is reasonable to do …하는 것은 합리적이다
a reasonable price 합당한 가격
I'm trying to handle this reasonably
나는 이 일을 합리적으로 처리하려고 노력하고 있다

0798

restful
[réstfəl]

혱 편안한 뷔 restfully 편안하게 뮤 comfortable

a restful scene 평화로운 광경.
a restful situation 편안한 상황
You can also use them to help promote a restful sleep
여러분은 또한 편안한 수면을 장려하기 위해 그것들을 사용할 수 있습
니다

0799

splash
[splæʃ]

툉 튀기다 혱 splashy 튀는

be splashed with paint 페인트가 튀다
splash water 물을 튀기다
Be careful not to splash water on the curtains
커튼에 물이 튀지 않도록 조심하세요

0800

identify
[aidéntəfài]

통 확인하다 명 identification 신원 확인

identify handwriting 필적을 감정하다
identify one's face 얼굴을 알아보다
The identity was confirmed through fingerprint checks
지문 조회를 통해 신원이 확인됐다

0801

mediate
[mí:dièit]

통 중재하다 명 mediator 중재자

mediate a strike 동맹 파업을 중재하다.
mediate between A and B A와 B 사이를 중재하다
Mediate between contending parties 쟁의 당사자 사이에 서서 중재하다

0802

retirement
[ritáiərmənt]

명 은퇴 통 retire 은퇴하다

take early retirement 정년 전에 퇴직하다.
retirement age 정년
I started working again two years after my retirement
은퇴 후 2년만에 다시 일을 시작했다

0803

withdraw
[wiðdrɔ́: wiθ-]

통 철수하다 명 withdrawal 철수 반 dispatch 급파하다
어원 with(거꾸로)+draw(끌다)

withdraw an army 철군하다
The government withdrew the revised law in 2010
정부는 2010년에 개정된 법을 철회했다

0804

Antarctic
[æntά:rktik]

형 남극의 명 Antarctica 남극 대륙 반 Arctic 북극의
어원 ant(반대의)+arctic(북극의)

Antarctic Ocean 남극
We organized an advance team to explore Antarctica
우리는 남극 탐험을 위한 선발대를 조직했다

CROSS WORD QUIZ

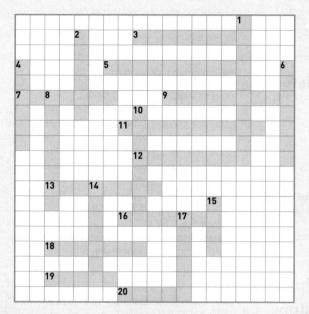

across	down	
3 야생생물	1 백분율	The figure you have for that with the total quantity of 100.
5 과학적인	2 천재	A man of superior talent and knowledge
7 몸짓, 손짓	4 정도, 단계	Units of Angle
9 목수	6 아마, 어쩌면	I'm not sure but I guess.
11 익숙하지 않은	8 동정	I feel sorry for you.
12 증거, 분명한	10 조상	All generations before their own.
13 인류, 인류애	14 고대의	The period between primitive and medieval times.
16 사적인	15 이끌다	To move and follow together where one aims
18 자유	17 존경하다	respect others for their personalities, ideas, and actions
19 좌우명		
20 무역		

0805

relief
[rilíːf]

명 안도, 경감 동 relieve 안도하게 하다, 경감시키다

relief organization 1. 구조 단체 2. 구호 단체
to one's relief 안도하여
This money will be used to support relief efforts
이 돈은 구호 활동을 지원하는 데 사용될 것이다

0806

recent
[ríːsnt]

형 최근의 부 recently 최근에 유 late

in recent weeks 지난 몇 주일 동안에
in recent years 근년에
Korean companies are jumping into this market in recent months
이 시장에 최근 한국 기업들이 뛰어들고 있다

0807

responsible
[rispánsəbl]

형 책임이 있는 명 responsibility 책임감

a responsible job 책임이 무거운 일
feel oneself responsible for ~에 책임을 느끼다
I'm not responsible for what he did
그가 한 일에 있어서 내게는 책임이 없다

0808

awful
[ɔ́ːfəl]

형 지독한, 무서운
어원 awe(공포)+ful(…이 많은)

awful manners 지독히 버릇없음
an awful storm 무시무시한 폭풍우
The room smells awful 그 방에서는 지독한 냄새가 난다

0809

security
[sikjúərəti]

명 안전 형 secure 안전한 유 safety

provide security 안전을 제공하다, 안심시키다
national security 국가 안보
Security guards are stationed in the apartment
그 아파트에는 경비원들이 배치되어 있다

smog
[smag]

명 스모그 형 smoggy 스모그가 많은
어원 smoke(연기)+fog(안개)

gray smog 잿빛 스모그
The Chinese government is looking for ways to reduce the smog
중국 정부는 스모그를 줄일 수 있는 방법을 찾고 있다

---

collection
[kəlékʃən]

명 수집 통 collect 수집하다

make[take (up)] a collection 모금을 하다
a stamp collection 우표 수집
Once I had a hobby of collecting stamps
옛날에 나는 우표 수집하는 취미가 있었다

---

reusable
[riuˈzəbəl]

형 재활용 가능한 통 reuse 재활용하다

reusable paper 1. 이면지 2. 재사용 가능한 종이
a reusable bottle 재활용 가능한 병
It's biodegradable, It's reusable
자연분해 될 수 있고 재사용이 가능합니다

---

seed
[si:d]

명 씨 형 seedy 씨가 많은

a seed potato 씨감자
sow the seeds 씨를 뿌리다
It stores many seeds to pass on to future generations
미래 세대에 전달하기 위해 많은 씨앗을 저장하고 있다

---

stranger
[stréindʒər]

명 낯선 사람 형 strange 낯선, 이상한

a total stranger 정체불명의 사람
Educate children to watch out for strangers
아이들이 낯선 사람을 조심하도록 교육하세요

0815

seldom
[séldəm]

부 좀처럼 ~ 않다　유 rarely

seldom receive news 소식이 뜸하다
seldom watch TV 좀처럼 TV를 보지 않는다
He seldom commits an error 그는 좀처럼 과오를 범하지 않는다

0816

smooth
[smu:ð]

형 매끄러운　부 smoothly 매끄럽게　유 even

be smooth to the touch 촉감이 매끈매끈하다
smooth skin 매끄러운 피부
This cosmetic makes your skin smooth
이 화장품은 피부를 매끄럽게 해줍니다

0817

wizard
[wízərd]

명 남자 마법사　형 wizardly 마법사 같은 부 witch 여자 마법사, 마녀

a financial wizard 돈벌이의 명수
an incredible powerful wizard 엄청난 마력을 가진 마법사
"Wicked" is based on the fantasy tale, "The Wizard of Oz."
"위키드"는 판타지 이야기인 "오즈의 마법사"를 원작으로 한다

0818

reduce
[ridjú:s]

동 줄이다　명 reduction 감소　유 decrease

reduce one's weight 체중을 줄이다
reduce speed 속도를 줄이다
It increased the number of subjects to reduce side effects
부작용을 줄이기 위해 실험대상자를 늘렸다

0019

select
[silékt]

동 선택하다　명 selection 선택　유 choose
어원 se(떨어져)+lect(모으다, 고르다)→골라내다

a selected candidate 선택된 후보자
I was selected to make the speech 내가 연설을 하도록 선정되었다

agent
[éidʒənt]

명 대리인 명 agency 대리점
어원 ag(하다) + ent(행위자)→대리인, 알선자

an estate agent 부동산 중개업자
an insurance agent 보험 대리인
A sports agent is a profession that requires professionalism
스포츠 에이전트는 전문성이 요구되는 직업이다

---

tough
[tʌf]

형 힘든, 강인한 유 difficult

remarkably tough 두드러지게 단단한
a tough job 힘든 일
The tough hide is difficult to cut, even with a knife
그 거친 가죽은 칼로도 자르기 어렵다

---

continent
[kántənənt]

명 대륙 형 continental 대륙의

travel on the continent 대륙을 여행하다
the continent of Africa 아프리카 대륙
I decided to travel across the continent
나는 대륙을 여행하기로 결심했다

---

desire
[dizáiər]

명 욕구 동 바라다 유 want, hope
어원 de(떨어져)+sire(별(을))→자기의 별에서 떨어져 그 도래를 희망하다

a strong desire 강한 욕망
He desired to tell them 그는 그들에게 말하고 싶었다

---

expensive
[ikspénsiv]

형 비싼 명 expense 비용 반 cheap 싼

1. expensive 너무 비싼.
2. costly 고급이고 귀중하기 때문에 비싼
3. dear 적정 가격보다 비싼
become[get] expensive 비싸지다
come expensive 비용이 많이 들다
The UK is one of the most expensive countries in Europe for gasoline 영국은 유럽에서 휘발유가 가장 비싼 나라 중 하나이다

horizon
[həráizn]

명 수평선 **형** horizontal 수평선의

above the horizon 지평선 위에
beyond the horizon 수평선 너머로
There is a ship on the horizon 수평선 위에 배 한 척이 떠 있다

public
[pʌblik]

형 공적인, 공립의 **명** publicity 공개 **반** private 사적인

in public 공적인 자리에서, 사람들 앞에서
a public school 공립학교
You shouldn't throw away trash in public places
공공장소에 쓰레기를 버려서는 안 된다

host
[houst]

명 (주로 남자) 주인, 주최자 **통** 주인 노릇을 하다, 접대하다

play host to ‥ 행사를 주최하다
act as host at a party 파티에서 주인 노릇을 하다
In 1988, Korea hosted the Summer Olympics in Seoul
1988년, 한국은 서울에서 하계 올림픽을 개최했습니다

local
[lóukəl]

형 지역의, 지방의 **통** localize 지방화하다 **유** regional

local time 현지 시간
local taxes 지방세
The local economy can be revitalized by attracting public institutions to provincial areas
공공기관을 지방에 유치함으로써 지역경제가 활성화될 수 있다

mess
[mes]

명 어수선함 **통** 어지럽히다

get into a mess 난처하게 되다, 혼란에 빠지다
clear up a mess 어질러진 것을 정돈하다
Why is this kitchen such a mess? 왜 이렇게 부엌이 엉망이에요?

0830
documentary

형 문서의 명 다큐멘터리 명 document 문서
어원 라틴어 de-(완전히)+vovere(맹세하다)→성의를 다하여 시간·노력 등을 바치는 것

1. dedicate 종교의식 목적으로 바치는 것
2. consecrate 종교적 의식을 행하는 것
3. hallow 숭배하는 것
a documentary drama 다큐멘터리 드라마
Documentary production takes a long time
다큐멘터리 제작에는 오랜 시간이 걸립니다

0831
purpose
[pə́:rpəs]

명 목적, 의도 부 purposely 고의적으로 유 aim

1. intention(의향, 의사) 마음먹은 것
2. intent(의지, 의사) intention의 뜻. 꼼꼼한 계획
3. purpose intention에 결의·결심의 뜻
4. aim 성취하려는 것이 뚜렷함
5.goal 목표에 이르기
6. end 최종적인 목표
for a good purpose 선의에서
for that purpose 그런 목적으로
Without a clear purpose, they went on a trip
뚜렷한 목적 없이 그들은 여행을 떠났다

0832
magical
[mǽdʒikəl]

형 마법의 명 magic 마법

magical spell 마법 주문
magical realism 마술적 사실주의
Her magic is truly magical! 그녀의 마술은 진짜로 마법 같군요!

0833

minor
[máinər]

형 중요치 않은, 소수의 반 major 중요한, 다수의

a minor question 사소한 문제
a minor party 소수당
He made several minor amendments to her essay
그는 그녀의 에세이를 몇 개 약간 수정했다

0834

package
[pǽkidʒ]

명 꾸러미, 소포 동 포장하다

a package tour 패키지 여행
a package proposal 일괄 제안
I often use package tours 나는 종종 패키지 여행을 이용한다

0835

couch
[kautʃ]

명 긴 의자, 소파, 침대 유 sofa

couch potato 소파에 앉아 TV만 보며 많은 시간을 보내는 사람
on the couch 정신과 치료를 받아
She is reading on the couch 그녀가 소파에 앉아 책을 읽고 있다

0836

hurricane
[hə́:rəkèin]

명 허리케인, 폭풍

a fierce hurricane 사나운 허리케인
make hurricane (사람이) 미친 듯이 날뛰다
The hurricane immobilized the airlines
허리케인 때문에 항공로가 마비되었다

0837

junk
[dʒʌŋk]

명 폐물, 잡동사니 유 rubbish

junk food 불량식품, (햄버거 등의) 패스트푸드
space junk 우주 쓰레기
Children are eating junk food without knowing it's bad
아이들은 정크 푸드가 나쁜지도 모르고 먹고 있다

0838

uncomfortable
[ənkəˈmfərtəbəl]

형 불편한, 불쾌한 부 uncomfortably 불쾌하게
반 comfortable 편안한

an uncomfortable pair of shoes 편치 않은 신발
one's stomach feels uncomfortable 속이 불편하다
She feels uncomfortable around strangers
그녀는 낯선 사람에 대해 거북함을 느낀다

0839

vain
[vein]

형 헛된 어원 라틴어 vanus (텅 빈)

in vain 헛되이
vain ambitions 헛된 야망
He searched in vain for her passport
그는 그녀의 여권을 찾아봤지만 허사였다

0840

balance
[bǽləns]

명 균형 동 균형을 유지하다
어원 ba(2개의)+lance(접시)→저울의 2개의 접시

balance oneself 몸의 균형을 유지하다
trade balance 무역 수지
He had trouble keeping his balance
그는 균형을 유지하느라 애를 먹었다

0841

Jupiter
[dʒúːpitər]

명 목성
[로마신화] 주피터(Jove): 로마 최고의 신; 그리스 신화의 Zeus.

observe Jupiter 목성을 관찰하다
I observe Jupiter every night. 나는 매일 밤 목성을 관찰합니다

0842

lung
[lʌŋ]

명 폐

have good lungs 목소리가 크다, 폐가 튼튼하다
inoperable lung cancer 수술 불가능한 폐암
Excessive smoking can cause lung cancer
지나친 흡연은 폐암을 유발할 수 있다

0843

male
[meil]

휑 남자의 몡 남자 뫤 female 여성의; 여성

a male animal 동물의 수컷
alpha male (침팬지 등의) 우두머리 수컷
The suspect is believed to be a male in his late 30s
범인은 30대 후반의 남성으로 추정된다

0844

faint
[feint]

휑 기절할 것 같은, 희미한 몽 기절하다

faint from ~때문에 기절하다
She fell to the ground in a dead faint
그녀는 완전히 졸도하여 땅바닥에 쓰러졌다

0845

follow
[fάlou]

몽 따라오다[가다] 뫤 lead 이끌다

follow 가장 일반적인 말
succeed(뒤이어 오다) [지위·재산 등을] 잇다, 후임이 되다
the following sentence 다음에 나오는 문장
follow up on ~을 끝까지 하다
If you follow the yellow line, you can get there
노란색 선을 따라가면 갈 수 있어요

0846

gasoline
[gǽsəlìːn]

몡 휘발유
어원 gas(기체)+ol(오일)+ine(제품)

run out of gasoline 휘발유가 떨어지다
a gasoline engine 가솔린 엔진
Gasoline prices continue to rise 휘발유 가격이 계속 오르고 있다

0847

vehicle
[víːikl, víːhikl]

몡 교통수단, 탈것
어원 라틴어 vehere(나르다)

a motor vehicle 자동차
space launch vehicle 우주로켓
This vehicle is licensed to carry 5 persons
이 차량은 5인승용으로 허가된 차량입니다

CROSS WORD QUIZ

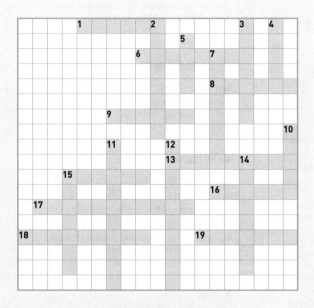

across

1	따라오다	Behind another person or animal, going where he or she goes.
6	낯선사람	Someone who doesn't remember or who's not used to it.
8	매끄러운	to be soft
9	남자마법사	A man of magic.
13	비싼	The cost to pay is more than I thought.
15	공적인	Not limited to some, but overall.
16	최근의	period of time happened only a short while ago.
17	다큐멘터리	A video or record of a real event.
18	남극의, 남극	The southernmost continent on earth and its neighboring islands.
19	목성	The fifth planet close to the sun

down

2	철수하다
3	목적
4	기절할 것 같은
5	헛된
7	휘발유
10	대리인
11	수집
12	은퇴
14	안전
15	소포, 꾸러미

0848

accept
[æksépt]

图 받아들이다 图 acceptance 수용 冊 receive
어원 ac(…을)+cept ((동의하여) 받아들이다)

accept an offer 제안을 받아들이다
He was minded to accept their offer
그는 그들의 제의를 받아들일 의향이 있었다

0849

courage
[kə́ːridʒ]

图 용기 图 courageous 용기 있는 冊 bravery
어원 cour(마음)+age(…의 상태)

great courage 대단한 용기
take courage from ~에서 용기를 얻다
Her courage remains unquestioned. 그녀의 용기는 의심할 여지가 없다

0850

rent
[rent]

图 집세 참고 landlord 집주인

pay high rent 높은 임대료를 내다
rent charge 1. 지대(地代)부담 2. 통상적으로 동산 압류의 권리가 부여
되고 있음
He agreed to rent me the room 그는 내게 그 방을 세 놓겠다고 했다

0851

Saturn
[sǽtərn]

图 토성
사투르누스: 고대 로마의 농경의 신; 그리스 신화의 Cronus에 해당함

Saturn's rings 토성의 고리
line of Saturn 운명선
A spacecraft to explore Saturn was launched yesterday
토성을 탐사하기 위한 우주선이 어제 발사되었다

0852

attach
[ətǽtʃ]

图 첨부하다, 붙이다 图 attachment 부착 冊 stick
어원 at(…에)+stach(말뚝)→결합시키다

attach a file 파일을 첨부하다
attach A to B [A(물건)를 B(물건)에] 붙들어 매다
How can I attach the document and send an e-mail?
문서를 첨부하고 이메일을 보내려면 어떻게 해야 하나요?

0853

rate
[reit]

명 비율, 등급, 요금 🔁 degree

interest rate 이자율
water rate 수도 요금
Her pulse rate dropped suddenly 그녀의 맥박이 갑자기 떨어졌다

0854

scale
[skeil]

명 규모

on a large scale 대규모로
Richter scale 리히터 척도(지진의 규모를 나타내는 10단계
(Magnitude)의 척도)
Score each criterion on a scale of 1 to 10
각 기준에 1에서 10까지의 수치를 표시합니다

0855

similar
[símələr]

형 비슷한 명 similarity 비슷함 🔁 like

similar tastes 유사한 취미
have a similar experience 유사한 경험을 하다
Similar trends are observable in mainland Asia
비슷한 추세가 아시아 대륙에서도 관찰된다

0856

impact
[ímpækt]

명 충돌, 충격 🔁 collision
어원 im(안으로)+pact(몰다)

on impact 부딪히는 순간에
have[make] an impact upon …에 영향을 주다
His speech made a profound impact on everyone
그의 연설은 모든 사람들에게 충격을 주었다

0856

patient
[péiʃənt]

형 인내심이 강한 명 환자 명 patience 인내심 반 impatient 조급한

be patient with ~를 잘 견디다
patient as Job 매우 참을성 있는
The patient died in transit 그 환자는 이송 중에 사망했다

0858

pride
[praid]

명 자랑, 자부심 형 proud 자부심이 강한 반 shame 치욕

take pride in ~에 자부심을 가지다
pride of place 최고위
He was positively glowing with pride 그는 자부심을 갖고 있었다

0859

rather
[rǽðər]

부 오히려

would rather+동사원형 오히려 ~하는 편이 낫다
rather than …보다
would rather ~보다는 차라리 ~하겠다
Her answer rather disconcerted him
그녀의 대답이 그를 상당히 불안하게 만들었다

0860

normal
[nɔ́ːrməl]

형 정상의 명 normality 정상 반 abnormal 비정상의
어원 norm(목수의 자→표준)+al(…에 관한)

a normal person 정상인
Saturday is a normal working day for me
토요일은 내게 있어서정상적인 근무일이다

0861

ozone
[óuzoun]

명 오존

the ozone layer 오존층
depletion of the ozone layer 오존층파괴
Ozone warnings are already issued 오존 경보가 이미 발령되었다

0862

survival
[sərváivəl]

명 생존 동 survive 생존하다
어원 라틴어 super-(너머로)+vivere(살다)

compete for survival 생존을 위해 경쟁하다
Her only chance of survival was a heart transplant
그녀의 유일한 생존 가능성은 심장 이식이었다

0863

durable
[djúərəbl]

형 튼튼한, 내구력 있는 명 durability 내구성

a durable color 바래지 않는 색
be designed to be durable 내구성 있게 설계되다
This furniture is very durable 이 가구는 내구성이 매우 좋다

0864

partial
[pάːrʃəl]

형 부분의, 불완전한 유 incomplete 불완전한 반 whole 모든

partial knowledge 어설픈 지식
partial to ~을 몹시 좋아하는
She is partial to sports 그녀는 스포츠를 아주 좋아한다

0865

potential
[pəténʃəl]

형 잠재적인, 가능한, 위치의 명 가능성
어원 potent(능력이 있는)+ial(…의)

potential energy 위치 에너지
potential buyers 구매자가 될 만한 사람들
She has the potential to become a world-class musician
그녀는 세계적인 음악가가 될 잠재력이 있다

0866

discovery
[diskʌvəri]

명 발견 동 discover 발견하다 유 finding

make a discovery 발견하다
earth shattering discovery 세상을 크게 놀라게 할 발견
I discovered a new continent through adventure
나는 모험을 통해 새로운 대륙을 발견했다

0867

dusk
[dʌsk]

명 황혼, 해 질 무렵 반 dawn 새벽, 해 뜰 무렵

at dusk 해 질 무렵에
after dusk 해가 진 뒤에
At dusk everything changes 해질녘에는 모든 것이 변한다

0868

extinct
[ikstíŋkt]

형 멸종된 명 extinction 멸종

an extinct species 멸종된 종
Dinosaurs became extinct because they had nothing to eat
공룡들은 먹을 것이 없었기 때문에 멸종되었다

0869

healthful
[hélθfəl]

형 건강에 좋은 명 health 건강 유 healthy

a healthful diet 건강에 좋은 식품
Exercise for A Healthful Life 건강한 삶을 위한 운동
She carefully chose a healthful diet.
그녀는 건강에 좋은 음식을 신중하게 골랐다

0870

maintain
[meintéin]

동 유지하다 명 maintenance 유지 유 preserve
어원 main(손(으로))+tain(유지하다)

maintain peace 평화를 유지하다
She maintains her innocence. 그녀는 자신의 결백을 주장하고 있다.

0871

mobile
[móubəl]

형 이동성의 명 mobility 이동성 유 movable

a mobile phone 휴대전화
You have to switch off your mobile phone during flights
비행 중에는 휴대 전화를 꺼야 된다

0872

depict
[dipíkt]

동 그리다, 묘사하다 명 depiction 묘사 유 describe

depict A as B A를 B로 묘사하다
The novelist depicted life as he saw it
소설가는 그가 본 삶을 묘사했습니다

disobey
[dìsəbéi]

图 거역하다 반 obey 따르다, 준수하다

disobey the rule 규칙을 어기다
disobey one's parents 부모 말을 거역하다
We cannot disobey the 'laws of nature'
우리는 '자연의 법칙'에 거역할 수 없습니다

ease
[i:z]

图 완화시키다 형 easy 쉬운 유 relieve

ease one's mind 안심시키다
Cooperation will perhaps ease your situation
협력하면 상황이 완화될 것입니다

deposit
[dipázit]

图 예금하다 명 예금
어원 de(밑에)+posit(놓여진)

deposit money 돈을 예금하다
Please deposit your valuables in the hotel safe
귀중품은 호텔 금고에 맡기십시오

disorder
[disɔ́:rdər]

명 무질서 유 confusion 반 order 질서
어원 dis(반대)+order(질서)

fall into disorder 혼란에 빠지다
Her financial affairs were in complete disorder
그녀의 재정 문제는 완전히 엉망이었다

factor
[fǽktər]

명 요인, 요소

a principle factor 주요인
Drinking is a causative factor in several major diseases
음주는 몇 가지 주요 질병의 원인이 되는 요인이다

0878

injury
[índʒəri]

명 상해, 손해, 부상 **동** injure 해치다, 상처를 입히다 **유** damage
어원 in(…이 아닌)+jur(정당한)+y(상태)

suffer an injury 다치다
injuries to the spine 척추의 손상
He narrowly escaped injury 그는 가까스로 부상을 모면했다

0879

judgment
[dʒʌdʒmənt]

명 판단, 판결 **동** judge 판단하다 **유** decision

rational judgment 합리적인 판단
The judgment went against the government
그 판결은 정부에 불리했다

0880

observe
[əbzə́:rv]

동 보다, 관찰하다 **명** observation 관찰
어원 ob(…에 대하여)+serve(유지하다, 눈여겨보다)

Observe some changes in his personality
그의 성격변화를 알아차리다

0881

furry
[fə́:ri]

형 털이 많은 **명** fur 털

a furry animal 털이 많은 동물
a furry little rabbit 털이 복슬복슬한 작은 토끼
The puppies were furry and cute 그 강아지들은 털이 많고 귀여웠다

0882

jury
[dʒúəri]

명 배심원

a trial by jury 배심 재판
The jury returned a verdict of not guilty, and Min-ho went free
배심원은 무죄 평결을 내려, 민호는 석방되었다

0883

temperature
[témpərətʃər]

명 온도 형 temperate 기후가 온화한

the normal temperature 평년 기온
take a person's temperature 남의 체온을 재다
Heat the oven to a temperature of 180℃
오븐을 섭씨 180도의 온도가 되도록 가열하라

0884

congratulate
[kəngrǽtʃulèit]

통 축하하다 명 congratulation 축하
어원 con(함께)+gratul(기쁨을 표시하다)+ate(상태로 하다)

Let me congratulate you on your success. 성공을 축하합니다
Congratulate you on your marriage 너의 결혼을 축하하다

0885

general
[dʒénərəl]

형 일반적인, 보통의 부 generally 일반적으로 유 common

a general opinion 여론
The rain has been general 비가 전국적으로 내린다

0886

impress
[imprés]

통 깊은 인상을 주다 명 impression 감동

be impressed by ~에 감동하다
impress favorably 좋은 인상을 주다
Korean fans have great manners and are enthusiastic. I was really
impressed 한국 팬들은 예의도 바르고 열정적이다. 정말 감동했다

0887

symphony
[símfəni]

명 교향곡, 조화 형 symphonic 교향곡의
어원 sym(공통으로)+phone(소리)

a symphony orchestra 교향악단
She is associate conductor of the symphony
그녀는 그 관현악단의 부지휘자로 있다

0888

unfair

[ənfeˈr]

형 불공평한 **명** unfairness 불공정 **반** fair 공평한

by unfair means 부당한 수단으로
unfair treatment 불공평한 대우
She still hopes to win her claim against unfair dismissal
그녀는 아직도 부당 해고에 맞선 자신의 주장이 이기기를 바라고 있다

0889

congress

[káŋgris | kɔ́ŋgres]

명 국회, 의회, 회의 **형** congressional 의회의 **유** council
어원 con(함께)+gress(가다)→함께 모이다

in Congress 국회 개회 중
An agenda has been submitted and called for a relevant congressional convocation 안건이 제출되어 관련 의회 소집을 요구하고 있다

0890

peaceful

[píːsfəl]

형 평화로운 **명** peace 평화

a peaceful death 평온한 죽음[임종]
a peaceful period 평화로운 시기
I sincerely wish for the peaceful reunification of the Korean Peninsula 한반도에서 평화로운 통일이 이뤄지기를 진심으로 기원한다

0891

principal

[prínsəpəl]

형 주요한 **참고** fundamental 기본의

a principal cause 주요한 원인
principal sum 최고액
the principal of a high school 고등 학교의 교장
The principal is a very busy man 교장선생님은 매우 바쁜 분이다

0892

razor

[réizər]

명 면도칼

a safety razor 안전 면도칼
sharp as a razor 면도칼처럼 예리한, 빈틈없는
I Bought You A Razor 면도기 사왔어요

0893

etiquette
[étikit]

명 예의, 예절, 에티켓 **유** manners

a breach of etiquette 결례
It is against etiquette to do so 그렇게 하는 것은 예의에 어긋난다

0894

fortune
[fɔ́ːrtʃən]

명 행운 **형** fortunate 운이 좋은 **유** luck

fortune hunter (특히 결혼으로) 쉽게 부자가 되려는 사람
bad[ill] fortune 불운
I went to see my fortune with my friend
나는 친구와 함께 운세를 보러 갔다

0895

rescue
[réskju:]

동 구조하다 **명** 구조 **명** rescuer 구조자 **유** save
어원 re(다시)+excute(흔들어 속에 있는 것을 나오게 하다)

rescue a drowning child 물에 빠진 아이를 구조하다
The firemen rescued the child from the burning house
소방대원은 불타고 있는 집에서 아이를 구출해 냈다

0896

disappoint
[dìsəpɔ́int]

동 실망시키다 **명** disappointment 실망 **유** let down
어원 dis(반대)+appoint(일시·장소를)정하다→약속을 어기다

be disappointed with ~으로 낙담하다
I'm sorry to disappoint your plans 네 계획을 망쳐서 미안하다

0897

elect
[ilékt]

동 선출하다
어원 e(밖으로)+lect(모으다)→선출해 내다

elect A as B A를 B로 선출하다
Members of Parliament are elected through elections
국회의원들은 선거를 통해 선출된다

0898

probably
[prábəbli]

[부] 아마도 [형] probable 있음직한 [유] perhaps

probably be surprised by 아마 ~에 놀랄 것이다
most probably 모르긴 몰라도
She probably misses the children
아마도 그녀는 아이들을 그리워하고 있을 것이다

0899

fault
[fɔ:lt]

[명] 과실, 잘못 [유] mistake

commit a fault 잘못을 저지르다
find fault with ~의 흠을 잡다
Commit a double fault three times 이중 과실을 세 번 범하다

0900

gentle
[dʒéntl]

[형] 온화한, 부드러운 [부] gently 온화하게 [유] kind

in a gentle voice 부드러운 목소리로
Grandfather looked at the children with a gentle smile
할아버지는 부드러운 미소로 아이들을 바라보았다

0901

personal
[pə́rsənl]

[형] 개인적인 [명] personality 개성 [유] private

personal information 개인정보
I cannot use my personal information without consent
동의 없이는 개인정보를 사용할 수 없습니다

0902

climax
[kláimæks]

[명] 절정

climax 최고점
acme 절정으로 연속성은 없음
reach its climax 절정에 달하다
Someone's phone rang when the movie reached its climax
영화가 절정에 달했을 때 누군가의 전화가 울렸다

CROSS WORD
QUIZ

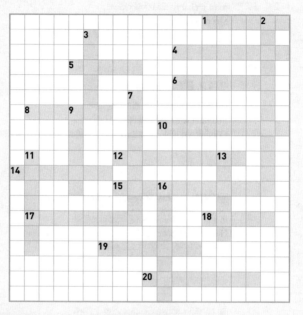

across	down	
1 그리다, 묘사하다	2 축하하다	It means you're happy and happy about what's good for you.
4 판단, 판결	3 정상의, 정상	Not special but commonplace.
5 자랑, 자부심	7 발견하다	Finding objects, phenomena, facts, etc. that have not been found or are not yet known.
6 비슷한		
8 이동성	9 상해, 부상	a wound on the body.
10 건강에 좋은	11 보증금	Money is given to creditors in advance as collateral.
12 잠재적인	13 첨부하다	Add to the agenda and documents.
14 일반적인	16 평화로운	no war, no conflict
15 온도		
17 교향곡		
18 규모		
19 인내심 강한		
20 생존		

0903
consider
[kənsídər]

동 고려하다 형 considerate 사려 깊은 유 think
어원 con(충분히)+sider(별을 관측하다)

all things considered 만사를 고려하여
We considered his suggestion 우리는 그의 제안을 충분히 검토했다

0904
favor
[féivər]

명 호의, 친절 형 favorite 가장 좋아하는

owe a person a favor 남에게 은혜를 입고 있다
do someone a favor of ~의 부탁을 들어주다
I'm always ready to do you a favor
난 항상 네 부탁을 들어줄 준비가 되어 있어

0905
deliver
[dilívər]

동 배달하다 명 delivery 배달
어원 de(…에서)+liver(자유롭게 하다)

deliver packages 소포를 배달하다
All deliveries were canceled because of the rain
비가와 모든 배달이 취소되었다

0906
discover
[diskʌvər]

동 발견하다 명 discovery 발견 유 find
어원 dis(반대)+cover (덮다)→덮개를 없애다

I'm very excited to discover something new
저는 새로운 것을 발견하게 되어 매우 기쁩니다

0907
respond
[rispánd]

동 응답하다 명 response 응답 유 answer
어원 re(되돌리다)+spond(약속하다)

respond to ~에 응답하다
He responded to my suggestion with a laugh
그는 내 제안에 웃으며 대답했다

demand
[dimǽnd]

[통] 요구하다 [형] demandable 요구할 수 있는 [유] claim
[어원] de(밑에)+mand(위임하다)→맡기다

1. demand 명령적으로 강력히 요구하다.
2. claim 주장하거나 요구하다
3. require 규칙·법규에 의하여 요구하거나 강요하다
on demand 요구가 있는 즉시
I strongly demand it for our rights
나는 우리의 권리를 위해 그것을 강력히 요구한다

emergency
[imə́:rdʒənsi]

[명] 비상사태 [형] emergent 비상사태의

during a national emergency 국가 유사시에
in case of emergency 비상시에
I was trained to be prepared for medical emergency
나는 응급상황에 대비하도록 훈련을 받았다

faraway
[fɑ́:rəwèi]

[형] 먼

the faraway past 먼 과거
a faraway place 머나먼 곳
I just want to go somewhere far away 어디로 멀리 훌쩍 떠나고 싶다

consumer
[kənsú:mər]

[명] 소비자 [통] consume 소비하다 [반] producer 생산자

consumer protection 소비자 보호
an association of consumers 소비자 협동조합
False or exaggerated food advertising puts the health of consumers
at risk
허위 또는 과장된 식품 광고는 소비자의 건강을 위험에 빠뜨린다

distance
[dístəns]

명 거리 **형** distant 먼
어원 라틴어 dis(떨어져)+stare(서다)→떨어져 있음

walk distances …한 거리를 걷다
from a distance 멀리서
Our claims are a long distance apart.
우리의 주장에는 현격한 차이가 있다

household
[háushòuld]

명 가정 **유** family
어원 house(집(의))+hold(알맹이, 내용)

run a household 가정을 꾸리다
one-parent households 편부모 가정
People in their 30s accounted for the largest share of single-person households
1인 가구에서 30대가 차지하는 비중이 가장 컸다

eventually
[ivéntʃuəli]

부 결국 **형** eventual 결국의

uneventful 무사 평온한, 평범한, 사건이 없는
eventfully 다사다난하게, 파란만장하게
He eventually passed the department he wanted
그는 결국 자신이 원하는 학과에 합격했다

farming
[fá:rmiŋ]

명 농업 **유** agriculture

dairy farming area 낙농업 지역
organic farming 유기 농업
Fishing, breeding, farming are still the world's foremost human occupations
어업, 목축, 농경은 여전히 인간의 주요 활동입니다

0916
whisker
[wískər]

명 구레나룻

within a whisker of …의 짧은 거리 내에, …과 맞닿을 정도로
by a whisker 근소한 차로
He was very fond of combing his whiskers
그는 턱수염 빗는 것을 아주 좋아했다

0917
whisper
[hwíspər]

동 속삭이다 명 속삭임 반 shout 외치다

whisper something to her 그녀에게 무언가 속삭이다
Everybody is whispering about his drinking habit
그의 술버릇은 어느 틈에 모두의 화제가 되어 있다

0918
accurate
[ǽkjurət]

형 정확한 명 accuracy 정확성 유 precise
어원 ac(…에)+curate(주의를 기울여)

to be accurate 정확히 말해서
Weather forecasts are not always accurate, but they are very useful
일기예보는 항상 정확한 것은 아니지만 매우 유용하다

0919
comfort
[kʌmfərt]

명 위로, 위안 형 comfortable 편안한 반 irritation
어원 com(모두)+fort(강한 (상태로 하는 것))

give comfort to ~을 위로하다
I comforted him over his failure 그의 실패를 위로해 주었다

0920
various
[véəriəs]

형 다양한 명 variety 다양성 유 diverse

1. various 종류가 다양한
2. different 「별개의」를 뜻하는 일반적인 말
3. distinct 뚜렷이 구별
4. diverse 현저한 차이와 명확한 대조
various people 온갖 사람들
There are various products that we sell
우리가 판매하는 제품은 다양합니다

convenience
[kənví:njəns]

명 편의 **형** convenient 편리한 **반** inconvenience

at someone's convenience ~의 편리한 시간에
The convenience of packaged tours increases their sales
패키지 여행은 편리해서 매출액이 늘고 있다

election
[ilékʃən]

명 선거 **형** elective 선거의 **유** ballot

carry[win] an election 선거에 이기다, 당선되다
an election campaign 선거 운동
Voter turnout for the local elections was estimated at 59.5 percent
올해 지방 선거 투표율은 59.5퍼센트로 추산되었다

disturb
[distə́:rb]

동 방해하다 **명** disturbance 방해 **유** interrupt
어원 dis(완전히)+turbare(어지럽히다)

disturb a person's studies[sleep] 남의 공부[수면]를 방해하다
The question disturbed me 그 질문은 나를 난처하게 만들었다

telegram
[téligræm]

명 전보 **어원** tele(멀리)+gram(보내다)

telegram to ~로 보내는 전보
by telegram 전보로
I couldn't meet you because the telegram didn't arrive
전보가 도착하지 않아 만나지 못했다

annual
[ǽnjuəl]

형 1년의 **부** annually 해마다, 연간
※「연 2회의」는 biannual, semiannual, 「연 4회의」는 periodical

an annual plan 연간 계획
What's your annual salary? 연봉이 얼마입니까?

0926
helpful
[hélpfəl]

형 도움이 되는 명 helpfulness 유익함 반 helpless 어찌할 수 없는

particularly[especially] helpful 특히 도움이 되는
helpful words 도움이 되는 말
The concierge was not helpful on this trip
안내원은 이번 여행에 도움이 되지 못했다

0927
informal
[infɔ́ːrməl]

형 비공식의, 격식 없는 명 informality 비공식
반 formal 격식을 차리는 어원 in(비(非))+formal(공식의)

an informal style 구어체
What do I mean by the informal in this case?
여기서 비공식적이라는 것은 무슨 뜻일까요?

0928
lean
[liːn]

동 기울다 명 기울기, 치우침 유 incline

lean on ‥ 압력을 가하다
The Leaning Tower of Pisa is tilted 피사의 사탑은 기울어져 있다

0929
excellent
[éksələnt]

형 뛰어난 명 excellence 우수성

excellent service 훌륭한 서비스
We had an excellent meal but the music was dreadful
식사는 매우 훌륭했지만 음악은 엉망이었다

0930
poll
[poul]

명 투표, 여론조사 유 vote

opinion poll 여론 조사
at the head of the poll 최고 득표로
Polls and election results were the same
여론조사와 선거 결과는 같았다

0931

recipe
[résəpi]

뗑 요리법, 레서피

follow a recipe 조리법을 따르다
a recipe for Bibimbab 비빔밥 요리법
Those are the recipes that the kids learn in my cooking classes
아이들이 요리 수업에서 배우는 요리법들입니다

0932

dislike
[disláik]

통 싫어하다 뗑 싫어함 혱 dislikable 싫어하는 뺀 like 좋아하다
어원 dis(반대)+like(좋아하다)

1. dislike 일반적인 반감
2. disgust 감정·감각에 대한 심한 혐오
3. distaste 연상에 의하여 싫어진 것에 대한 반감
4. repugnance 강한 혐오
cordial dislike for ~에 대해 아주 싫어함
have a dislike for ~을 싫어하다
Many students dislike tests 많은 학생들은 시험을 싫어한다

0933

encourage
[inkə́:ridʒ]

통 격려하다, 장려하다 뗑 courage 용기 뺀 discourage 낙담시키다
어원 en(…을 주다)+courage(용기)

encourage A to do A에게 …하라고 격려하다
encourage saving 저축을 장려하다
The president visited the office to encourage the staff
회장님은 직원들 격려차 사무실을 방문하셨다

0934

protect
[prətékt]

통 보호하다, 막다 혱 protective 보호하는 윤 defend

a protected industry 보호받는 산업
protect A from B A를 B로부터 보호하다
We've got to protect ourselves 우리는 스스로를 지켜야만 합니다

0935

endanger
[indéindʒər]

图 위험에 빠뜨리다 혱 endangered 멸종 위기에 처한

endanger one's life ~의 생명을 위태롭게 하다
We are endangering ourselves
우리는 우리 스스로를 위험에 빠뜨리고 있습니다

0936

fright
[frait]

명 공포 图 frighten 놀라게 하다 유 fear

1. fright 순간적인 공포
2. alarm 위험을 깨달았을 때 엄습하는 공포
with fright 깜짝 놀라, 두려워서
Her face froze with fright 그녀의 얼굴은 공포로 얼어붙었다

0937

intelligent
[intélədʒənt]

혱 총명한, 지적인 몡 intelligence 지능 유 clever
어원 inter(안에서)+legere(고르다)→ent(상태)

an intelligent answer 재치 있는 대답
The dog is known to be very intelligent
그 개는 매우 영리하다고 알려져 있다

0938

prove
[pru:v]

图 증명하다 몡 proof 증거 반 disprove ~의 반증을 들다

prove his guilt 그의 유죄를 입증하다
prove one's identity 신원을 증명하다
She proved her innocence 그녀는 자신의 결백을 증명했다

0939

robbery
[rábəri]

몡 강도 행위 몡 robber 강도 图 rob 훔치다

a bank robbery 은행 강도
commit a robbery 강도 행위를 하다
They were arrested on suspicion of robbery
그들은 강도혐의로 체포되었다

0940

selfish
[sélfiʃ]

형 이기적인 반 altruistic 이타적인
어원 self(자기)+ish(…적인)

a selfish child 이기적인 아이
He is a selfish bad guy 그는 이기적인 나쁜 사람이다

0941

society
[səsáiəti]

명 사회 형 social 사회의 유 community

a philanthropic society 자선 단체
human society 인간 사회
Fast food is part of everyday life in modern societies
현대 사회에서 패스트푸드는 일상 생활의 일부이다

0942

success
[səksés]

명 성공 형 successful 성공적인 부 successfully 성공적으로

ensure success 성공을 확실히 하다
with success 성공리에
The experiment was a great success 그 실험은 대성공이었다

0943

useful
[júːsfəl]

형 유용한 부 usefully 유용하게 반 useless 쓸모 없는

find A useful A가 유용하다고 생각하다
useful tips 유용한 팁
Empty bottles are sometimes useful for other purposes
빈 병은 때때로 다른 용도로 유용하다

0944

publish
[pʌ́bliʃ]

통 발표하다, 출판하다 명 publication 발표, 출판 유 announce

be recently published 최근에 출판된
publish a law 법령을 공포하다
Poems written by students were collected and published
학생들이 쓴 시를 모아 출간했다

0945

solution
[səlúːʃən]

명 해결, 해답 통 solve 해결하다

seek a solution 해결책을 찾다
a solution for A A에 대한 해결책
They solved a difficult problem 그들은 어려운 문제를 해결했다

0946

suffer
[sʌfər]

통 고통을 겪다 명 suffering 고통
어원 sub(아래에서)+fer(옮기다)

suffer big losses 큰 손해를 입다
suffer from ~로부터 고통을 겪다
I suffered for a long time after the car accident
나는 자동차 사고 후에 오랫동안 고생했다

0947

blind
[blaind]

형 눈이 먼 부 blindly 맹목적으로

be blind in one eye 한쪽 눈이 보이지 않다
the blind 맹인들
She was blind from birth, but she could see everything with her
heart 그녀는 태어날 때부터 장님이었지만 마음으로 모든 것을 볼 수
있었다

0948

control
[kəntróul]

통 통제하다, 지배하다 명 통제, 지배 유 govern
어원 라틴어 contra(반대로)+rota(바퀴)→바퀴의 회전을 억제하다

strictly[tightly] control 엄격하게 통제하다
be controlled by ~에 의해 지배당하다
The captain controls the ship and the crew
선장은 배와 선원들을   통제한다

region
[ríːdʒən]

명 지방, 지역 형 regional 지역의 유 area

1. region 다른 곳과 확실히 구분되는 지역
2. district region 행정적인 구획
3. area 넓이에는 상관없는 지역

the regions of the imagination 공상의 세계
tropical regions 열대 지방
Most of the region was flooded by this rain.
그 지역 대부분은 이 비로 인해 침수되었다

---

gym
[dʒim]

명 체육관 유 gymnasium 체육관

hit the gym 운동하러 가다
exercise in a gym 체육관에서 운동하다
I always work out in the gym after work 나는 퇴근 후 항상 체육관에서 운동을 한다

---

vaccine
[væksíːn]

명 백신

a combined vaccine 혼합 백신
influenza vaccine 인플루엔자 백신
Computer vaccines need periodic updates
컴퓨터 백신은 정기적인 업데이트가 필요하다

---

yawn
[jɔːn]

명 하품 통 하품하다 형 yawny 지루한

with a yawn 하품을 하면서
choke down a yawn 하품을 참다
He managed to stifle a yawn 그는 하품을 간신히 참았다

CROSS WORD QUIZ

0953

missionary
[míʃənèri]

명 선교사 형 전도의, 선교의 유 evangelist
어원 mission(임무, 선교)+-ary(…하는 사람 또는 …의)

engage in missionary work 선교 사업에 참여하다
a diplomatic missionary 외교 사절
He did missionary work in Japan 그는 일본에서 선교활동을 했다

0954

raise
[reiz]

동 올리다 명 가격 인상

raise taxes 세금을 올리다
raise a castle 축성하다
The government raised taxes uniformly
정부는 세금을 일률적으로 올렸다

0955

remember
[rimémbər]

동 기억하다 명 remembrance 기억 반 forget 잊다
어원 re(다시)+member(생각해 내다)

remember the poem by heart 시를 암송하다
Remember me to your family 당신의 가족들에게 안부를 전해주세요

0956

outdoor
[auˈtdɔˌr]

형 야외의 반 indoor 실내의
비교급 more outdoor 최상급 most outdoor

an outdoor life 야외 생활
outdoor pensions 원외 보조금
The students are playing sports outdoors
학생들이 야외에서 운동 경기를 하고 있다

0957

warmly
[wɔ́ːrmli]

부 따뜻하게 형 warm 따뜻한

dress warmly 따뜻하게 입다
We received him warmly. 그를 따뜻하게[진심으로] 맞이했다
She was warmly welcomed 그녀는 따뜻한 환영을 받았다

0958
youth
[ju:θ]

명 젊음 형 youthful 젊은, 발랄한
기본 youth 복수 youths ※ child와 adult의 중간에 해당하는 시기

in one's youth 젊을 때에
a talented youth 유능한 청년
Youth is a huge asset 젊음은 거대한 자산이다

0959
assignment
[əsáinmənt]

명 숙제 동 assign 할당하다 유 homework

give an assignment 과제를 주다
reorganize the staff assignment 업무를 다시 배정하다
She is out on an assignment 그녀는 외근 중입니다

0960
satisfy
[sǽtisfài]

동 만족시키다 형 satisfied 만족하는, satisfying 만족할 만한
어원 satis(충분한)+fy(…으로 하다)

satisfy a theorem 정리의 조건을 충족시키다
be satisfied with ~에 만족하다
His explanation did not satisfy the teacher
그의 해명은 선생님을 납득시키지 못했다

0961
sigh
[sai]

동 한숨 쉬다 명 한숨

sigh with relief 안도의 한숨을 쉬다
give a deep sigh 한숨을 깊이 내쉬다
He gave a sigh of complete contentment 그는 만족의 한숨을 내쉬었다

0962
deceive
[disí:v]

동 속이다, 기만하다
어원 de(나쁜)+ceive((물건을)훔치다)→함정에 빠뜨리다

deceive oneself 자신을 속이다, 잘못 생각하다
deceive oneself as to ~에 대해 자기를 기만하다
Advertisements must not deceive 광고에 거짓이 있어서는 안 된다

0963

decision
[disíʒən]

명 결정 **동** decide 결정하다 **유** determination
기본 decision **복수** decisions

make a decision 결정을 내리다
a man of decision 결단력이 있는 사람
We applaud his decision 우리는 그의 결정에 갈채를 보냈다

0964

directly
[diréktli]

부 직접적으로 **형** direct 직접의 **반** indirectly 간접적으로

tell directly 직접 말하다
understand a foreign language directly 외국어를 직해하다
Do your homework directly 숙제를 직접 해라

0965

escape
[iskéip, es-]

동 탈출하다 **명** 탈출 **유** flee
어원 es(…의 바깥으로)+cape(망토)→망토를 벗다

escape from ~로부터 탈출하다
Gas is escaping from the pipe 파이프에서 가스가 새고 있다
He was lucky to escape punishment 그는 다행히도 처벌을 면했다

0966

barrier
[bǽriər]

명 장벽, 경계 **유** wall

tariff barriers 관세 장벽
language barrier 언어 장벽
The language barrier will disappear 언어 장벽은 사라질 것이다

0967

brilliant
[bríljənt]

형 빛나는, 훌륭한 **명** brilliance 광택, 훌륭함 **유** intelligent

a brilliant idea 훌륭한 아이디어
brilliant sunshine 찬란하게 빛나는 햇빛
She's an absolutely brilliant cook
그녀는 요리를 정말 기가 막히게 잘 한다

0968

care
[kɛər]

명 주의, 조심, 돌봄 유 attention

take care of ‥ 1. …을 돌보다 2. …을 처리하다
He chose his words with care 그는 조심해서 말을 골라 썼다

0969

crawl
[krɔ:l]

통 포복하다, 기다

crawl up (옷 등이) 말려 올라가다
crawl space 좁은 공간
The car crawled along 기어가듯 차가 움직였다

0970

beast
[bi:st]

명 짐승 형 beastly 짐승 같은 유 animal

a beast of prey 맹수
a beast of a job 몹시 싫은 일
He faced the beast 그는 그 짐승과 맞섰다

0971

burden
[bə́:rdn]

명 부담 형 burdensome 부담스러운

lift a burden from ~로부터 부담을 덜어주다
financial burden 1. 재정적 부담 2. 경제적 부담
His father carried a heavy burden of responsibility
그의 아버지는 책임감이라는 무거운 짐을 지고 있었다

0972

credit
[krèdit]

명 외상, 신용

No credit! 외상 사절!
to one's credit 1. 명예가 되어 2. 자기의 업적으로서
His credit isn't good anywhere now
이제는 어디에서도 그의 신용도가 좋지 않다

0973
timid
[tímid]

형 겁 많은, 소심한　부 timidly 소심하게　반 bold 대담한

as timid as a rabbit 토끼처럼 겁 많은
timid by nature 천성이 소심 한
He is so timid that he scarcely opens her mouth in public
그는 어찌나 소심한지 사람들 앞에서 변변히 말도 못한다

0974
demonstration
[dèmənstréiʃən]

명 논증, 데모, 시위　통 demonstrate 논증하다, 데모하다

hold a demonstration for …에 데모를 하다
take part in the demonstration 시위운동에 참여하다
You should report the date of the demonstration to the police
당신은 시위 날짜를 경찰에 신고해야 합니다

0975
mainly
[méinli]

부 주로　형 main 주요한　유 mostly

rely mainly on 주로 ~을 의지하다
They were mainly between the ages of 10 and 20
그들의 나이는 주로 10살에서 20살 사이였다

0976
afterlife
[ǽftərlaiˌf]

명 내세 사후세계

in the afterlife 내세에서
Many Buddhists believe in the afterlife
많은 불교신자들은 사후세계를 믿는다

0977
behavior
[bihéivjər]

명 행동　통 behave 행동하다

an odd bit of behavior 좀 이상한 행동
good behavior 선행
Many people were damaged by his misbehavior
많은 사람들이 그의 잘못된 행동에 피해를 입었다

0978

campaign
[kæmpéin]

명 캠페인, 군사 작전 **유** movement

open a campaign 캠페인을 시작하다
campaign pledge 선거 공약
Her campaign was not going well
그녀의 선거 운동은 제대로 되어 가지 않고 있었다

0979

capacity
[kəpǽsəti]

명 수용력, 포용력, 역량 **형** capacious 포용력 있는
유 ability, capability **어원** cape(붙잡다)+acity(것)→수용하는 것

lack the capacity 역량이 부족하다
a man of great capacity 재능이 많은 사람
The room had a seating capacity of over 100
그 방은 수용 인원이 100명이 넘었다

0980

consent
[kənsént]

동 동의하다, 찬성하다 **반** dissent 반대하다
어원 con(함께)+sent(느끼다)

consent to a suggestion 제안에 동의하다
gladly[reluctantly] consent to a request 요청에 기꺼이[마지못해] 응하다
He quit the company with mutual consent.
그는 상호 동의에 회사를 그만두었다

0981

passion
[pǽʃən]

명 열정 **형** passionate 열정적인 **유** desire

have a passion for ~을 매우 좋아하다
Passion alone cannot do everything
열정만으로는 모든 것을 할 수 없다

0982

sustain
[səstéin]

동 떠받치다, 유지하다 **명** sustenance 생계, 유지 **유** maintain
어원 sus(아래에서)+tain(유지하다)

sustain a conversation 대화를 계속하다
Sustain head injuries in the collision. 충돌 사고로 머리를 다치다

hidden
[hídn]

형 숨겨진 통 hide 숨다

a hidden track 숨겨진 트랙
The magician has already hidden something there
마술사는 이미 그곳에 무언가를 숨겼다

injure
[índʒər]

통 다치게 하다 명 injury 부상 유 hurt

injure one's hand 손을 다치다
Smoking injures our health 흡연은 건강을 해친다

crust
[krʌst]

명 (딱딱한 빵 등의) 껍질, 외피 유 skin

the earth's crust 지구의 외피(표면)
The blood was dried in a crust 피가 말라 딱지가 되었다

depressing
[diprésiŋ]

형 침울하게 만드는, 억압적인 통 depress 침울하게 하다 유 gloomy

depressing weather 침울하게 만드는 날씨
it's depressing to hear about ~에 대해 들으니 안타깝다
Watching the news makes me so depressed 뉴스를 보니 너무 우울하다

precede
[prisíːd]

통 앞서다 유 go ahead of

precede (공간·시간·순서 등에서) 앞서다 (주로 타동사)
proceed (특히 정지한 상태에서) 나아가다 (자동사)
the preceding year 그 전해
His actions precede his words 그의 행동은 그의 말보다 앞서 있다

0988

ethical
[éθikəl]

[형] 윤리적인 [명] ethics 윤리학 [유] moral
[어원] ethic(도덕)+al(…에 관한)

an ethical debate 윤리 논쟁
She's a very ethical individual 그녀는 상당히 윤리적인 사람입니다

0989

via
[váiə, ví:ə]

[전] ~을 통하여 [유] through

via satellite 인공위성을 통하여
fly to Paris via London 런던 경유로 파리까지 비행기로 가다
We flew home via Osaka 우리는 오사카 경유로 귀국했다

0990

wealth
[welθ]

[명] 부, 재산 [형] wealthy 부유한, 풍부한

a man of wealth 부자
the distribution of wealth 부의 분배
She has known both poverty and wealth
그녀는 가난도 부유함도 다 겪어 보았다

0991

raw
[rɔ:]

[형] 날것의, 가공하지 않은 [명] rawness 날것 [유] natural

eat oysters raw 굴을 날로 먹다
a raw fish dish 생선회 요리
You put a raw or fried egg 날 달걀 혹은 프라이한 달걀을 넣는다

0992

sink
[siŋk]

[동] 가라앉다 [명] sinkage 함몰

sink into ~안으로 가라앉다
She seemed to sink under a burden
그녀는 무거운 짐을 감당 못 하는 것 같았다

spoil
[spɔil]

통 망치다 형 spoilable 못쓰게 만드는 유 ruin

1. spoil 가치·유효성 등을 망쳐놓다
2. ruin 복귀하기 어려울 정도의 파괴를 시사함
spoil a child 아이를 잘못 키우다
The hurricane destroyed the entire village
허리케인에 온 마을이 파괴되었다

generous
[dʒénərəs]

형 관대한 부 generously 관대하게 반 ungenerous 인색한
어원 gener(종류, 태생)+ous(…의 특징이 있는)→귀족 태생의

be generous with ~에 대하여 관대하다
He is generous in his judgment of others
그는 남을 판단하는 데 관대하다

harmony
[háːrməni]

명 조화 형 harmonious 잘 조화된

1. harmony 여러 음이 화합,「화음, 화성」
2. melody 여러 음의 율동적인 결합,「선율, 가락」
a harmony of colors 색깔의 조화
Live in harmony with one's neighbors 이웃사람과 사이좋게 지내다

mysterious
[mistíəriəs]

형 신비한 명 mystery 신비

a mysterious event 신비한 사건
mysterious in origin 기원이 불가사의한
She's being very mysterious about her plans
그녀는 자신의 계획에 대해서는 입을 꽉 다물고 있다

0997

decoration
[dèkəréiʃən]

명 장식, 꾸밈 통 decorate 장식하다

an interior decoration 실내 장식
The cake was lavishly decorated. 케익은 화려하게 장식되어 있었다

0998

effort
[éfərt]

명 노력
어원 e(밖으로)+fort(강한)→힘을 내다

make an effort 노력하다
Thank you for all your effort 여러분의 수고에 감사드립니다

0999

skip
[skip]

통 건너뛰다

skip breakfast 아침식사를 거르다
I'm so busy in the morning that I skip meals
아침에는 너무 바빠서 식사를 거릅니다

1000

criminal
['krɪmɪnl]

형 범죄의 명 crime 범죄

a previous criminal record 전과 기록
It's criminal to waste so much time
그렇게 많은 시간을 낭비하다니 어리석다

1001

scholar
[skálər]

명 학자 명 scholarship 장학금
어원 라틴어 schola(학교)+-ar(행위자)

a scholar and a gentleman 훌륭한 교육을 받은 교양인
She was the most distinguished scholar in her field
그녀는 자기 분야에서 가장 뛰어난 학자였다

1002

skyscraper
[skáiskrèipər]

명 초고층 빌딩

build a skyscraper 초고층 빌딩을 짓다
Many skyscrapers have been built in recent years
많은 고층 건물들이 최근 몇 년 동안 지어졌습니다

1003

available
[əvéiləbl]

형 이용할 수 있는 **명** availability 이용도
반 unavailable 이용할 수 없는
어원 a(···에)+vail(가치 있다)+able(···할 수 있다)

available energy 유효 에너지
This card is available for a year 이 카드는 1년간 유효하다

1004

reserve
[rizɔ́:rv]

명 비축 **동** 남겨두다, 예약하다 **명** reservation 예약 **유** leave

without reserve 남김없이, 거리낌 없이
I took out my cell phone to book a movie reservation
영화 예약을 하려고 핸드폰을 꺼냈어요

1005

average
[ǽvəridʒ]

명 평균

take an average 평균을 잡다, 평균하다
on average 평균하여
The average score in English was 89 points
영어의 평균 점수는 89점이었다

1006

project
[prɑ́dʒekt | prɔ́dʒ-]

명 기획, 계획, 프로젝트 **유** plan, scheme
어원 pro(앞에)+ject(던져진)

a development project 듣기
draw up a project 계획을 세우다
Project the image on a screen 이미지를 스크린에 투사하다

CROSS WORD

QUIZ

across

6	속이다	Make people fall for lies or tricks.
7	앞서다	Movements are done first.
9	선교사	A person who is dispatched abroad to evangelize Christianity.
12	야외의	Outside a room or building.
17	하품	Deep breaths that open your mouth when you're sleepy, exhausted or eating a lot.
18	장식, 꾸밈	To make something fancy and pretty.
19	신용, 외상	A position where you can trust without paying in advance.
20	동의하다	approve or acknowledge the actions of another personality

down

1	행동
2	빛나는
3	조화, 화합
4	탈출하다
5	기억하다
8	숙제
10	숨겨진
11	떠받치다, 유지하다
13	결정
14	망치다
15	관대한
16	캠페인, 군사작전

1007

reason
[ríːzn]

명 이유 형 reasonable 분별 있는, 적당한 🔁 cause

based on reason 이성에 근거[기초]하여
The reason why I was wrong is that I didn't know the exact contents
내가 틀렸던 이유는 정확한 내용을 몰랐기 때문이다

1008

stage
[steidʒ]

명 무대

go on[take to] the stage 배우가 되다
stand on the stage 무대 위에 서다
It's such a delight to have you on the stage
여러분을 무대로 모시게 되어서 정말 기쁩니다

1009

annoy
[ənɔ́i]

동 짜증나게 하다, 괴롭히다 형 annoyed 짜증나는 🔁 irritate

annoyer 짜증나게 하는 자
Her constant talking annoys me
그녀의 끝없는 수다는 나를 괴롭게 한다

1010

belonging
[bilɔ́ːŋiŋ, -láŋ-]

명 소지품, 소유물, 재산 🔁 possession

sense of belonging 소속감
a personal belonging 개인 소지품
We were able to leave our belongings and enter
우리는 소지품을 맡기고 들어갈 수 있었다

1011

central
[séntrəl]

형 중심적인, 중심의 명 center 중심

a central character 중심 인물
His disappearance was central to the plot of the book
그의 실종이 그 책 줄거리의 중심이었다

1012
prediction
[pridíkʃən]

명 예언, 예보 통 predict 예언하다 유 forecast
어원 라틴어 prae(앞에)+decere(말하다)

make a prediction for ~을 예언하다
Many gamblers predicted England's victory in this World Cup
많은 도박사들이 이번 월드컵에서 잉글랜드의 승리를 예측했다

1013
resistance
[rizístəns]

명 저항 통 resist 저항하다 반 acceptance 수용

make[offer] resistance to …에 저항하다
They put up strong resistance 그들은 격렬히 저항했다

1014
colleague
[káli:g]

명 동료 명 colleagueship 동료 관계

a professional colleague 직장 동료
We met as colleagues at work and got married
우리는 직장 동료로 만나서 결혼했다

1014
collision
[kəlíʒən]

명 충돌 통 collide 충돌하다 유 bump

be in[come into] collision with …과 충돌하다[모순되다].
an airplane collision 비행기 충돌
The collision of planets causes a great disaster
행성의 충돌은 큰 재앙을 초래한다

1016
atmosphere
[ǽtməsfiər]

명 대기 형 atmospheric 대기의 유 air
어원 atmos(공기의)+sphere(구(球))

the earth's atmosphere 지구 대기권
The spacecraft launched to explore the moon entered the atmosphere
달 탐사를 위해 발사된 우주선이 대기권에 진입했다

1017

category
[kǽtəgɔ̀:ri]

명 범주 통 categorize 범주를 나누다
어원 cata(…에 반하여)+egory(집회에서 이야기하다)→확실히 하게 하다

fall into the category 범주에 속하다
Out of over 200 staff there are just 5 that fall into this category
200여 명의 직원들 중 이 범주에 속하는 사람은 겨우 5명이다

1018

talkative
[tɔ́:kətiv]

형 수다스러운 통 talk 이야기하다
어원 talk(말하다)+-ative(…하기 쉬운, 자주 …하는)

be too talkative 너스레를 떨다
Feeling a little more talkative now? 이제 좀 말할 기분이 드나?

1019

contribution
[kàntrəbjú:ʃən]

명 기부, 기여, 공헌 통 contribute 기부하다 윤 donation

a great[major] contribution 큰 공헌
make a contribution to ~에 공헌하다
That can be a big contribution 이것은 큰 공헌일 수 있습니다

1020

fearful
[fíərfəl]

형 무서운, 두려운 반 fearless 겁 없는

a sight fearful to look at 보기에도 끔찍한 광경.
fearful thoughts 두려운 생각들
I was fearful of speaking to others 남에게 말을 붙이는 것이 무서웠다

1021

vary
[vέəri]

통 다르다 형 various 다양한 윤 differ

vary the rules 규칙을 수정하다
vary in ~면에서 다르다
There are various races living in my town
우리 마을에는 다양한 인종이 살고 있습니다

1022
determination
[ditə̀:rmənéiʃən]

명 결심 통 determine 결심하다 윤 resolution

reach a determination 결심이 서다
self determination 자주적 결정
Determination, diligence, and patience are the keys to success
결단력, 근면성, 그리고 인내심이 성공의 열쇠입니다

1023
organization
[ɔ̀rgən-izéiʃən]

명 조직, 단체 형 organizational 조직의 윤 association

join an organization 조직에 가입하다
a charity organization 자선 단체
The organization was morally corrupt and disbanded
그 조직은 도덕적으로 부패하여 해체되었다

1024
freely
[frí:li]

부 자유로이 형 free 자유로운

freely convertible 자유롭게 바꿀 수 있는
breathe freely 한숨 돌리다
They can travel freely in Europe and the United States
그들은 유럽과 미국을 자유롭게 여행할 수 있다

1025
cultural
[kʌltʃərəl]

형 문화의 명 culture 문화

cultural exchange 문화 교류
culture shock 문화 충격
The festival consisted of cultural exhibitions and performances
축제는 문화 전시와 공연으로 구성되었다

1026
depart
[dipá:rt]

통 출발하다 명 departure 출발 윤 leave
어원 de(…에서)+part(나누다)

depart from life 죽다
The plane departs at 11:25 for Chicago
비행기는 11시 25분에 시카고를 향해 출발한다

1027

curse
[kə:rs]

통 욕하다, 저주하다 명 저주 유 abuse

incur a curse 벌을 받다
curse and swear 악담을 퍼붓다
We were cursed with misfortunes 우리는 불운에 시달렸다

1028

dispatch
[dispǽtʃ]

통 파견하다 명 파견 유 send

dispatch a salesman 외판원을 신속히 내보내다
dispatch troops 파병하다
Dispatch to another department once a year
1년에 한 번 다른 부서로 파견된다

1029

bury
[béri]

통 묻다 명 burial 매장 반 dig 파다

buried underground 지하에 매장된
bury oneself in ~에 몰두하다
Archaeologists look for buried remains underground
고고학자들은 지하에서 매장된 유골을 찾는다

1030

firm
[fə:rm]

형 굳은, 단단한 부 firmly 굳게 유 hard

firm ground 1. 근거가 확실 2. 확고한 기반
a firm decision 굳은 결심
There's not a single person in that firm you can confide in
그 회사에는 당신이 믿을 수 있는 사람이 단 한 명도 없다

1031

rcflect
[riflékt]

통 반사하다, 반영하다 명 reflection 반영
어원 re(뒤로, 반대로)+flect(구부리다)

reflect heat 열을 반사하다
The reflected light was directed at us
반사된 빛이 우리를 향했다

1032

refrigerator
[rifrídʒərèitər]

명 냉장고 유 fridge

take A out of the refrigerator A를 냉장고에서 꺼내다
clean out the refrigerator 냉장고를 청소하다
Almost all vaccines need to be kept at refrigerator temperatures
거의 모든 백신들이 냉장 온도를 유지해야합니다

1033

trait
[treit]

명 특징, 특성, 특색 유 characteristic

culture trait 문화의 특성, 문화 특성
Korean traits 한국인의 특징
The basic traits of each blood type are as follows
각 혈액형의 기본 특성은 다음과 같다

1034

ahead
[əhéd]

부 앞에, 앞으로

ahead of ‥ 1. …의 앞에 2. …보다 앞서서
go ahead 앞서 가다
The road ahead is jammed with cars 앞 도로는 차들로 꽉 차 있다

1035

experiment
[ikspérəmənt]

명 실험 형 experimental 실험의
어원 ex(바깥에서)+peri(시도해 보다)+ment(것)

experiment with ~을 실험하다
conduct an experiment on ~의 실험을 시행하다
Through many experiments, we made a perfect product
많은 실험을 통해 우리는 완벽한 제품을 만들었습니다

1036

appreciate
[əprí:ʃièit]

통 알아주다 감사하다 명 appreciation 감사 유 thank
어원 ap(…에)+preci(값을)+ate(매기다)

1. approve 계획·제안을 받아들이는 일
2. recognize 법적 권위를 지닌 것으로 인정하여 받아들이는 일
appreciate one's help ~의 도움에 감사하다
Her great ability was fully appreciated by her friends
그녀의 뛰어난 능력은 친구들에게 충분히 인정받았다

1037

aboard
[əbɔ́:rd]

전 ~을 타고 부 (배, 버스, 비행기에) 탑승하여
어원 a(…에)+board((갑)판)

go aboard 탑승하다
come aboard 참여하다
The plane crashed killing all 132 passengers aboard
그 비행기는 추락하여 탑승자 132명 전원이 사망했다

1038

baggage
[bǽgidʒ]

명 여행 가방, 수화물 유 luggage

a piece of baggage 수화물 한 개
Can you carry this baggage? 이 짐을 들어 줄 수 있으세요?

1039

major
[méidʒər]

형 다수의, 중요한 통 전공하다 명 majority 대다수

the major parts 대부분
major in ~을 전공하다
She majored in economics in college
그녀는 대학에서 경제학을 전공했다

1040

bouquet
[boukéi]

명 부케, 아첨 유 a bunch of flowers

a bouquet of roses 장미 부케
throw bouquets at …에게 아첨하다.
She got a bouquet from the bride at the wedding
그녀는 결혼식에서 신부로부터 꽃다발을 받았습니다

1041

cancel
[kǽnsəl]

동 취소하다 명 취소 기본 cancel 복수 cancels

cancel one's order 주문을 취소하다
cancel an appointment 예약을 취소하다
No charge will be made if you cancel within 7 days
7일이내에 취소하면 수수료가 청구되지 않는다

1042

concept
[kánsept]

명 개념 형 conceptual 개념의 유 conception
기본 concept 복수 concepts

the concept of equality 평등의 개념
global new concept drug 글로벌 신개념 의약품
Children don't have a concept of money yet
아이들은 아직 돈에 대한 개념이 없다

1043

ban
[bæn]

명 금지 동 금지하다 유 prohibit 반 permit 허락하다

remove a ban 금지를 해제하다
ban-the-bomb 1. 핵폭탄 반대의 2. 핵무장 폐지를 주장하는
The government has banned violent movies
정부는 폭력적인 영화를 금지했다

1044

illegal
[ilí:gəl]

형 불법의 반 legal 합법적인
어원 il(불(不))+legal(법의)

an illegal sale 밀매
stop illegal file sharing 불법 파일 공유를 중단시키다
Damage caused by illegal transactions will not be compensated
불법 거래로 인한 피해는 보상되지 않습니다

1045

economy
[ikánəmi]

圐 경제 圐 economic 경제의 어원 eco(집의)+nomy(관리)

a national economy 국가 경제
creative economy 창조 경제
If the economy worsens, consumption decreases
경제가 나빠지면 소비가 줄어든다

1046

erupt
[irʌpt]

圐 분출하다, 폭발하다 圐 eruption 분출 圐 explode

a dispute that erupted into civil war 내란으로 발전된 분쟁
The volcano is about to erupt 화산이 폭발 직전이다

1047

owe
[ou]

圐 빚지고 있다, 은혜를 입고 있다

owe A to B / owe B A [A(어떤 감정)를 B(남)에게] 품고[느끼고] 있다
I think you owe me an apology, young boy!
꼬마야, 나에게 사과를 해야 할 것 같은데!

1048

previous
[príːviəs]

圐 예전의 어원 pre(앞에)+via(길)+ous(…의)→앞에 가다

a previous record 이전의 기록
the previous day 전날
He clipped two seconds off his previous best time
그는 자신이 세운 이전의 최고 기록에서 2초를 단축시켰다

1049

hardly
[háːrdli]

圐 거의 ~ 않다 圐 barely, scarcely
어원 고대영어 heardlice

She hardly wears makeup 그녀는 화장을 거의 하지 않는다

1050

priceless
[práislis]

형 매우 귀중한 **명** pricelessness 매우 귀중한 것 **유** valuable
어원 price(값을 정하다)+-less(…할 수 없는)

a priceless treasure 천금으로도 살 수 없는 보물
To me it was absolutely priceless
나에게 그것은 값을 매길 수 없는 것이었다

1051

prevent
[privént]

통 막다 **명** prevention 예방 **유** stop, avoid
어원 pre(앞에)+vent(오다)

prevent A from B A를 B로부터 막다
prevent environmental pollution 환경오염을 방지하다
The idea is to prevent accidents. 방안은 사고를 방지하자는 것이다.

1052

bang
[bæŋ]

명 쿵 하는 소리 **통** 쿵 소리나다

bang into ~와 우연히 마주치다
with a bang 쾅하고
A balloon suddenly went bang 풍선이 갑자기 펑 터졌다

1053

hardworking
[haˈrdwərˌkiŋ]

형 근면한, 부지런한 **유** diligent

a hardworking student 근면한 학생
a hardworking employee 근면한 직원
Hardworking people get promoted faster
열심히 일하는 사람들은 더 빨리 승진한다

1054

cite
[sait]

통 인용하다 **유** quote

cite a variety of reasons 다양한 이유를 인용하다
cite at second hand from ~에서 재인용하다
He did not cite a figure 그는 수치를 인용하지 않았다

1055

demonstrate
[démənstrèit]

图 논증하다, 증명하다 图 demonstration 논증, 증명 🔁 prove
어원 de(완전히)+monstr(가리키다)+ate(…하다)

demonstrate the law of ~의 법칙을 증명하다
Demonstrate that the Mercury goes round the sun
수성이 태양 주위를 돈다는 것을 증명하라

1056

discourage
[diskə́:ridʒ]

图 낙담시키다 图 discouragement 낙담
凹 encourage 용기를 북돋우다
어원 dis(반대)+courage (용기)→용기를 잃게 하다

I discouraged him from buying that junk car
그가 고물차를 사는 것을 그만두게 했다

1057

scarcely
[skéərsli]

图 거의 ~ 않다 图 scarce 드문, 진귀한 🔁 hardly, seldom

1. scarcely는 보통 be동사·조동사 뒤에 오고, 일반 동사의 앞에 옴
2. scarcely not, no 등과 같은 부정어와 함께 사용 불가능
You can scarcely expect me to do that
내게 그렇게 하라는 것은 무리다
She could scarcely keep in his indignation
그녀는 분노를 감추기 어려웠다

1058

remove
[rimú:v]

图 제거하다 图 removal 제거, 삭제
어원 re(다시)+move(움직이다)

remove A from B A를 B로부터 삭제하다
remove one's shoes 신발을 벗다
He had surgery to remove the glass stuck in his leg
그는 다리에 박힌 유리를 제거하는 수술을 받았다

1059

sold-out
[sóuldàut]

형 품절된, 매진된

sold-out items 품절 품목
Home shopping host likes the word sold out the most
홈쇼핑 진행자는 매진이라는 단어를 가장 좋아한다

1060

abundant
[əbʌ́ndənt]

형 풍부한 명 abundance 풍부, 부유 유 plentiful

be abundant in resources 재원이 풍부하다
Australia is abundant in minerals 호주는 광물이 풍부하다

1061

belief
[bilíːf]

명 믿음 통 believe 믿다 유 trust

1. belief 진실이라고 믿기
2. confidence 증거·이유·경험에 의거한 신념
have belief in ~을 믿다
What I want to talk about today is the belief
오늘 제가 말씀드리고 싶은 것은 믿음입니다

1062

solitary
[sálətèri]

형 고독한 명 solitude 고독 유 alone

a solitary life 고독한 삶
He lives a solitary life without friends
그는 친구도 없이 외톨박이 생활을 하고 있다

1063

strategy
[strǽtədʒi]

명 전략 유 tactics 전술
어원 strat(군대)+eg(이끌다)+y(일)→군대를 이끄는 일

strategy and tactics 전략과 전술
the government's economic strategy 정부의 경제 전략
Napoleon was always thinking about strategies
나폴레옹은 항상 전략에 대해 생각하고 있었다

1064

democratic
[dèməkrǽtik]

형 민주적인 명 democracy 민주주의

fully democratic 완전히 민주적인
a democratic government 민주주의 정부
He was nominated in a democratic way.
그는 민주적인 방법으로 지명되었다.

1065

stir
[stə:r]

통 휘젓다, 뒤섞다 명 휘젓기 🔁 mix

stir A with B A를 B로 휘젓다
stir-fry 프라이팬을 흔들면서 센 불에 재빨리 볶다
A feeling of guilt began to stir in him 죄책감이 그를 괴롭히기 시작했다

1066

suspect
[səspékt]

통 의심하다 명 용의자 명 suspicion 의심
어원 sus(아래에서)+spect(보여진)

suspect A as B A를 B로 의심하다
suspect a person of murder 남에게 살인 혐의를 두다
She is the prime suspect in the case
그녀는 그 사건의 유력한 용의자이다

1067

description
[diskrípʃən]

명 묘사 통 describe 묘사하다 형 descriptive 묘사적인

beyond description 형언할 수 없는
a detailed description of the house 그 집에 대한 상세한 묘사
He gave an exact description of the attacker him.
그는 자기를 공격한 자를 정확히 묘사했다

1068

amount
[əmáunt]

명 양, 액
어원 ad(…에)+mount(오르다)

the amount of money 총액
Very large amounts of money are required 거액의 돈이 요구된다

1069

career
[kəríər]

명 직업 유 job

make a career 출세하다
His political career is run 그의 정치가로서의 생애는 끝났다

1070

connect
[kənékt]

동 연결하다 명 connection 연결
어원 con(함께)+nect(잇다)

in connection with ~와 관계가 있는
Has the phone been connected yet? 전화가 연결되었나요?

1071

crime
[kraim]

명 범죄 명 criminal 범죄자 유 offense

commit a crime 범죄를 저지르다
It's a crime that people don't exercise
사람들이 운동을 하지 않는 것은 어리석은 짓이다

1072

unforgettable
[əˌnfərge'təbəl]

형 잊을 수 없는 반 forgettable 잊을 수 있는

an unforgettable impression 잊을 수 없는 인상
An unforgettable event occurred 잊을 수 없는 사건이 생겼다

1073

beat
[biːt]

동 치다, 패배시키다 유 hit

beat ‥ in/beat in ‥ ‥을 쳐부수다(break in)
beat a drum 드럼을 치다
She beat down the bad guys and saved the children
그녀는 나쁜 놈들을 때려 눕히고 아이들을 구했다

1074

celebrate
[séləbrèit]

图 축하하다 图 celebration 축하 ⊞ congratulate

celebrate a birthday 생일을 축하하다
We had dinner together to celebrate her promotion
우리는 그녀의 승진을 축하하기 위해 함께 저녁을 먹었다

1075

pioneer
[pàiəníər]

图 개척자 图 개척자의 ⊞ pathfinder

pioneers of the American West 미국 서부의 개척자
a gold pioneer 금 개척자
A new continent was discovered by pioneers
새로운 대륙이 개척자들에 의해 발견되었다

1076

insist
[insíst]

图 고집하다, 우기다 ⊞ assert

insist stubbornly 완강하게 주장하다
insist on ~을 고집하다
She insisted that she did not know who stole the car
그녀는 누가 그 차를 훔쳤는지 모른다고 주장했다

1077

accountant
[əkáuntənt]

图 회계사 ⊞ treasurer

advertise for a new accountant 회계사 모집 광고를 내다
a certified public accountant 공인회계사
The company posted a job posting for an accountant
그 회사는 회계사 채용 공고를 냈다

1078

spine
[spain]

图 척추 图 spinal 척추의 ⊞ backbone

spine chilling 등골이 오싹해지는, 소름이 끼치는 듯한
the curvature of the spine 척추의 굴곡
The story sent chills up my spine 그 이야기를 듣고 등골이 오싹해졌다

urge
[əːrdʒ]

图 촉구하다, 재촉하다

1. urge 강하게 권하는 것
2. exhort 진지하게 권하는 것
3. press 억지로 권하는 것
repeatedly urge 몇 번이고 재촉하다
urge someone to do something 누군가에게 무엇을 하길 재촉하다
My husband urged me to see a doctor
남편은 나에게 의사에게 진료받으라고 강력하게 권했다

cure
[kjuər]

图 치료(법) 图 치료하다 图 heal

faith cure (기도에 의한) 신앙 요법(faith healing)
With the efforts of the researchers, the cure was released
연구원들의 노력으로 치료법이 나왔다

emperor
[émpərər]

图 황제 图 empire 제국 图 empress 황후, 여왕
어원 im((나라) 안에)+per(준비[명령]하다)+or(사람)

emperor penguin 황제펭귄
the emperor of China 중국 황제
This is where the emperor once lived
이곳은 한때 황제가 살았던 곳이다

intend
[inténd]

图 의도하다, 고의로 하다 图 intention 의도
어원 in(안으로)+tend(손발을 펴다)→내뻗다

intend to do ~하려고 의도하다
He intended her no harm 그가 그녀에게 해를 가할 생각은 없었다

1083

lifetime
[laiftaim]

명 일생 **형** 일생의

lifetime employment 종신 고용
a once-in-a-lifetime opportunity 일생에 한 번뿐인 기회
Throughout his lifetime, wrote over 50 works
그의 일생 동안, 50개 이상의 작품을 썼습니다

1084

soil
[sɔil]

명 흙, 땅

free soil 1. 자유 토지 2. 자유 토지주의
rich soil 비옥한 땅
The puddles in the open space were filled with soil
공터에 있는 웅덩이는 흙으로 가득 차 있었다

1085

contrast
[kəntrǽst | trɑ́:st]

동 대조하다 **명** 대조
어원 contra(…에 반대하여)+st(일어서다)→대립하다

contrast A with B A와 B를 대조시키다
The black walls are a sharp contrast to the white curtains
검은 벽은 하얀 커튼과 뚜렷한 대조를 이룬다

1086

credible
[krédəbl]

형 신뢰할 수 있는 **유** believable **반** incredible 믿어지지 않는

a credible colleague 신뢰할 만한 동료
credible deterrent 믿을 만한 억지력
He is a credible witness 그는 신뢰할 만한 증인이다

1087

obey
[oubéi]

동 따르다, ~에 복종하다 **명** obedience 복종 **반** disobey 거역하다
어원 ob(…에)+ey(듣다)→…에 귀를 기울이다

obey orders 명령에 따르다
Animals obey their instincts 동물은 본능대로 행동한다

1088

particular
[pərtíkjulər]

형 특별한, 특정의 유 special
어원 part(부분)+cle(작은)+ar(…의)

a particular solution 특별한 해결 방안
This particular shot is one of the more traditional shots
이 특별한 장면은 좀 더 전통적인 장면 중 하나입니다

1089

farther
[fá:rðər]

부 더 멀리 형 더 먼 형 far 먼

farther on 더 저쪽에, 나중에
farther back 더 오래 전에
I'm not going to take the subject any farther
나는 그 문제를 더 이상 받아들이지 않을 것이다

1090

symptom
[símptəm]

명 증상 형 symptomatic 징후의

symptoms of a cold 감기 증상
What are your symptoms? 증상이 어떻게 되죠?

1091

volcano
[valkéinou]

명 화산 형 volcanic 화산의

an active volcano 활화산
Lava continues to flow from the volcano today
현재도 용암이 화산에서 계속 흘러나오고 있다

1092

justice
[dʒʌstis]

명 정의, 공정 반 injustice 불공정
어원 just(정당한)+ice(것)

a sense of justice 정의감
I saw the justice of his remark 그의 말이 옳다는 것을 알았다

1093

mass
[mæs]

명 덩어리, 다량 **형** massive 부피가 큰, 대량의 **동** bunch

be a mass of ‥ …투성이다

Help with the mass persuasion campaign that will start this spring
이번 봄에 시작하는 대규모 설득 캠페인에 동참해주십시오

1094

humor
[hjú:mər]

명 유머 **형** humorous 유머러스한

1. humor 익살·우스꽝스러운 것
2. wit 날카롭고 재미나게 표현
cheap humor 어설픈 익살
a sense of humor 유머 감각
I don't intend to humor your whims 너의 변덕에 동조할 생각은 없다

1095

command
[kəmǽnd]

명 지휘, 지배 동 통솔하다 **동** order
어원 com(모두)+mamd(손에 주다)→맡기다

be in command of ~을 통솔하다
He demands blind love 그는 맹목적인 사랑을 강요한다

1096

journal
[dʒə́:rnl]

명 정기 간행물, 잡지, 신문 **동** periodical

a monthly journal 월간 잡지
Subscribe to a scientific journal 과학 잡지를 정기 구독하다

1097

scout
[skaut]

동 스카우트하다, 수색하다

scout ·· out / scout out ·· 1. 찾다 2. 찾아내다
I scouted a lot of players when I started the team
내가 그 팀을 시작할 때 많은 선수들을 스카우트했다

1098

establish
[istǽbliʃ]

동 설립하다 명 establishment 설립 ⊕ found

establish a company 회사를 설립하다
This company was established in 1910
이 회사는 1910년에 설립되었다

1099

broker
[bróukər]

명 중개인 명 brokerage 중개업

marriage broker 결혼 중개인
My wife works as an insurance broker 아내는 보험 설계사입니다

1100

announcement
[ənáunsmənt]

명 공고, 알림 동 announce 알리다

make an announcement of[about] ···을 공표하다
make an announcement 알리다
I got an announcement to make 발표할 게 있습니다

BLOCK VOCA
중등완성

CROSS WORD
QUIZ 정답

p20

A crossword grid with the following words:

subjective, attention, temporary, challenge, exclaim, emotion, galaxy, permit, remind, spr sport, transport, advance, concept, gift, gifted, deicon, defiant, art, sponsor (various intersecting words): unusual, spr, eter, challenger, stie, stiva, galaxy

p32

A crossword grid with the following words:

luggage, boring, energy, allow, character, mention, unbelievable, sorrow, determine, grain, focus, head, over, poor, mrs, hash, low, new, morse, down, tube, gem

p42

A crossword grid with the following words:

deny, mixture, dump, laboratory, forgive, venus, error, artistic, confusion, amaze, bright, clap, forest, protect, easy, gorgeous, rising, asset, tourism, prote

p54

A crossword grid with the following words:

cast, broadcast, response, mop, edit, headline, scene, square, discussion, resource, cunning, collapse, crawl, console, advance, hmmeus, house, biography, comfort

```
  l a c k                     i
      i             m a n u a l
      v                       f
  a   i                 p r o v e r b
  s o l a r                   r
  l                           m
b e l o n g       c r o s s w a l k
  e                           t
s p i n                       i
        d         p           v
        i         s t o r a g e
  c l a s s i c   y
a       c       s c r a p e     i
c       o       h               s
c o n f u s e   m o d e r a t i o n
i       n       l               l
d       t       f o r m a l     a
e               g               t
n               y   c o n q u e s t
t
```

```
                        a
  b                     n
  e t h n i c           n     w
  h                 c   i     e
  a u t o m a t i c r   v     a
  v               a i   e     p
  e     g       b r o t h e r h o o d
        h   c       e i   s   n     i
        o   a       l c   a         s
  d e s i r a b l e       r         a
  i     t   e       s     y         p
  s     e   f       s             p
  a     g   u   r   l       p u r s u e
  g     e   l   e   y               a
  r     n   a   a                   r
  e l e c t r i c   l a z
        t       z   a z
        i   d e l a y
m a t c h
```

```
          d e s c r i b e
t r e m b l e             d
          p   s   s       u   g
s p o n s o r   h   p     c   i
          e   a   l       a   a
          d   s t r a i g h t e n
w i t n e s s   p   t     i   t
          p               o
      v   e   r e c o m m e n d
      a   n   l           a
      c   d i s e a s e   l
      a       c   t
      s s i s t   o   b u m p
      n       i   m   l
      t       v   a   e
              e x c h a n g e
                  h   d
```

```
                            a
                  c o m p o s e
                            h
              l             a
              i   w o r l d w i d e
              m             e   d
          n a v i g a t e   n
              t       x     e
                      p   s e n i o r
t         p o s s i b l e       t
r                     r         i
a             t   c h i l d h o o d
n     e x p e r t     e         n
s             a       n   s
f u n c t i o n       c   a
e             s u c c e s s f u l
r             l           e
        c h e a p         t
              t   d i z z y
s e p a r a t e
```

p124

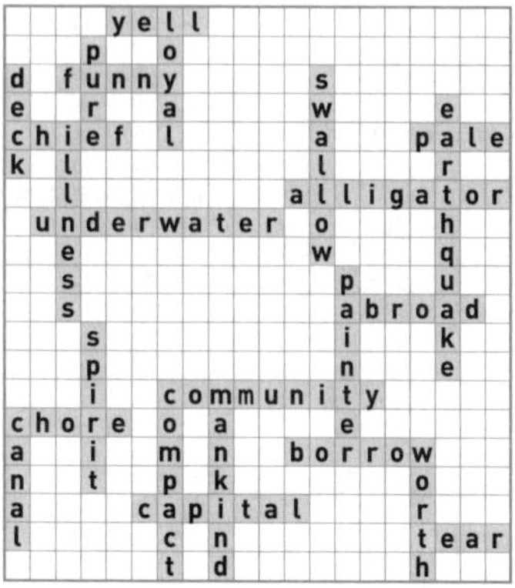

p112

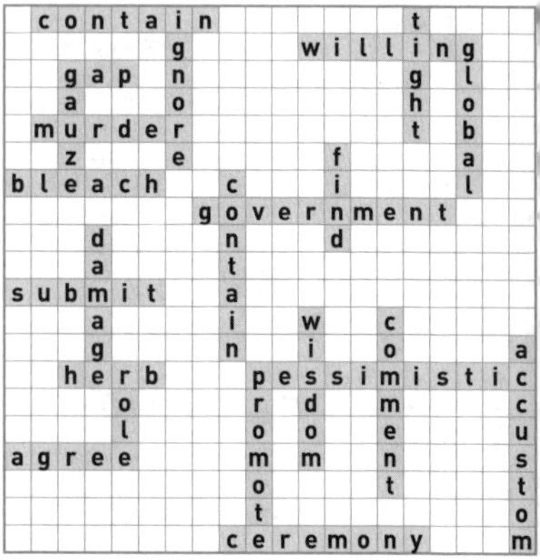

p134

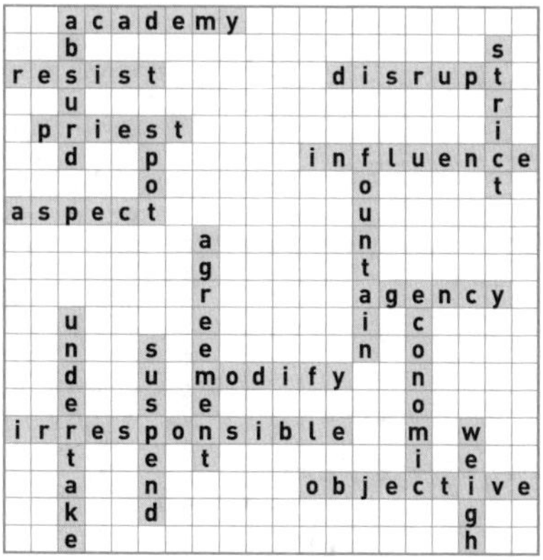

p144

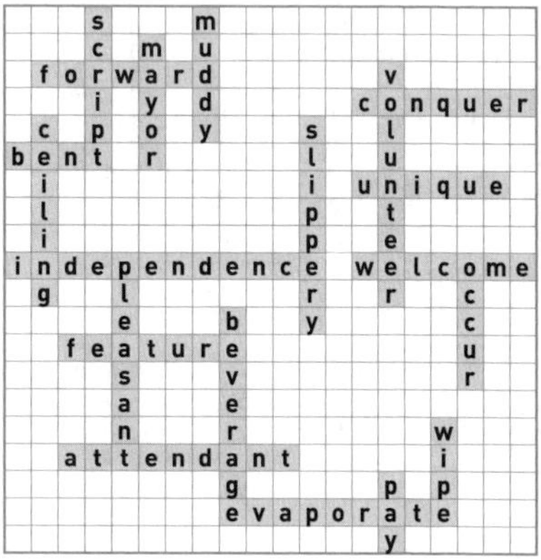

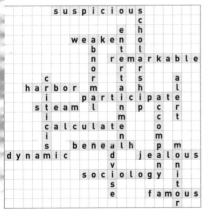

p156

chance
colorful
friend
bewitch y smash
guarantee
revolver
convince
apart
engage
heritage

p168

dangerous
nowadays
typical
speechless
suggest
invitation
shepherd
enjoyable
gardener
manager

p182

suspicious
weaken
remarkable
harbor
participate
steam
calculate
beneath
dynamic jealous
sociology
famous

p194

wildlife
scientific
gesture carpenter
unfamiliar
evidence
humanity
private
freedom
motto
trade

p204

follow
vivid
stranger
shhh
smooth
wizard
expensive
public
recent
documentary
antarctic
jupiter

p216

depict
judgment
pride
similar
mobile
healthful
potential
general
temperature
symphony
scale
patient
survival

p228

recipe
respond
endanger
climax
excellent
comfort
dislike
convenience
farming
whisper

p240

deceive
precede
missionary
outdoor
yawn
decoration
credit
consent

중등완성
BLOCK
VOCA

초판 1쇄 발행 | 2021년 12월 15일

펴낸이 | 이원호
디자인 | 디자인모노피㈜

펴낸곳 | 리나북스
등 록 | 제99-2021-000013호
주 소 | 경기도 남양주시 와부읍 덕소로97 101, 104-902
전 화 | 031)576-0959
이메일 | rinabooks@naver.com
구입문의 | rinabooks@naver.com

ISBN 979-11-974084-6-5 53740